모든 언어는 평등하다

지구 상의 모든 언어는
인류 공동체 문명 발전의 발자취입니다.
힘이 센 나라의 언어라 해서 더 좋거나 더 중요한 언어가 아닌 것처럼,
많은 사람들이 쓰지 않는 언어라 해서 덜 좋거나 덜 중요한 언어는 아닙니다.

문화 다양성에 따른 언어 다양성은 인류가 서로 견제하고
긍정적인 자극을 주고받으며 소통, 발전할 수 있는 계기가 됩니다.
그러나 안타깝게도 현재 일부 언어가 '국제어'라는 이름 아래
전 세계 사람들에게 강요되고 있습니다.

언어평등의 꿈은 전 세계 모든 언어를 학습할 수 있는 어학 콘텐츠를
개발하는 것입니다. 어떠한 언어에도 우위를 주지 않고, 다양한 언어의 고유
가치를 지켜나가겠습니다. 누구나 배우고 싶은 언어를 자유롭게 선택해서
배울 수 있도록 더욱 정진하겠습니다.

언어평등은 문예림의 아날로그와 디지털을 아우르는
어학 콘텐츠 브랜드입니다.
56년째 언어 생각뿐.

언어평등 시리즈
첫걸음

언어평등은 누구나 평등하고 자유롭게 전 세계 모든 언어를 학습 할 수 있도록 여러분과 함께 할 것입니다.

필리핀어는 필리핀 인구의 25%가 제 1언어로 말하고 다수가 제 2국어로 말하고 있는 오스트로네시아어족, 말레 이폴리네시아어파의 언어이다. 필리피노(필리핀어)라고 명명된 그 표준형은 국어이자, 영어와 더불어 필리핀에서 공식어로 사용되며 약 2,200만 가량의 인구가 모국어로 사용하고 있다.

ARCTIC OCEAN
NORTH PACIFIC OCEAN
Philippines
INDIAN OCEAN

동영상 강의 시청하기

언어평등 (www.EQlangs.com) 구매하면
해당도서의 강의를 보실 수 있습니다.
저자가 알려주는 언어 이야기도 보실 수 있습니다.

MP3 다운로드 방법

1단계
언어평등 (www.EQlangs.com) 사이트
고객센터 - 자료실 - MP3 들어오기

2단계
제목_______________에 찾고자 하는
도서명을 입력 후 검색하세요.

www.EQlangs.com

평등한 언어 세상을 위한 시작

필리핀어 첫걸음

평등한 언어 세상을 위한 시작

필리핀어 첫걸음

Para sa Daigdigang walang-kinikilingan

Wikang Filipinong Pansumula

언어평등

평등한 언어 세상을 위한 시작

필리핀어 첫걸음

초판 3쇄 인쇄 2023년 7월 10일
초판 3쇄 발행 2023년 7월 24일

지은이 이기선
펴낸이 서덕일
펴낸곳 언어평등

출판등록 2018.6.5 (제2018-63호)
주소 경기도 파주시 회동길 366 3층 (10881)
전화 (02)499-1281~2 **팩스** (02)499-1283
전자우편 info@moonyelim.com
홈페이지 www.EQlangs.com

ISBN 979-11-964086-5-7 (13730)
값 15,000원

머리말

일본의 2차 대전 패배로 남북이 하나로 합쳐진 대한민국의 건국이라는 절호의 기회를 이념 차이에 의한 남북분단으로 날려 버리고, 설상가상으로 동족 간의 전쟁으로 전 국토가 초토화되면서 완전히 버림받은 국가로 전락했던 우리 대한민국이 이제 명실상부한 세계 10대 경제대국에 포함되는 나라가 되었다. 그야말로 빈곤국가 중에서도 최하위 빈곤국가였던 대한민국이 반세기만에 세계 역사상 어느 국가도 하지 못했던, 아니 상상조차 할 수 없었던 기적을 이룩한 셈이다.

이제 우리 대한민국이 나아갈 방향은 경제, 문화 등 모든 면에서 세계의 모든 국가가 부러워하는 1등 선진국이 되는 것이다. 1등 선진국이란 세계의 모든 나라를 이해하고 그들의 장단점과 어려움을 대한민국이라는 거대한 가슴에 품어 줄 수 있는 능력이 있을 때 가능한 국가적인 개념이다.

이를 위해서 대한민국의 세계화는 필수불가결한 시대적 흐름이어야 하고, 또한 이 흐름을 더욱 효과적으로 이끌어가기 위해서는 세계의 모든 국가에서 확고한 자신감으로 무장한 대한민국 국민들의 왕성한 활동이 있어야 한다.

이러한 대한민국의 시대적 흐름에 부응하는 언어평등 시리즈에 동참하게 되어 기쁘게 생각한다. 기본 목적이 초보자를 대상으로 더 쉽고 더 빠르게 원하는 외국어를 습득하도록 하는 것이기 때문에 해외진출을 추진하는 우리 국민들에게 많은 도움이 될 것이라 믿는다.

10여 년 전 필자는 처음 필리핀어를 공부하기 시작하면서 우리말로 된 필리핀어 교재가 없는 현실을 보고 한국 사람들이 편하게 공부할 수 있도록 필리핀어 문법위주의 교재(쉽게 배우는 필리핀어)를 집필하기 시작하면서 필리핀어(따갈로그어) 탐구에 본격적으로 뛰어 들었다.

그동안 여러 목적의 필리핀어 교재를 추가적으로 발간하였지만, 본 교재는 특별히 처음 필리핀어를 접하는 초보자들이 조금이나마 덜 부담을 느끼며 새로운 언어를 익힐 수 있도록 하기 위한 목표로 출간하게 되었다.

끝으로 한국에 정착하여 벌써 20년의 세월을 보낸 Amelrida Lee 여사의 감수와 항상 옆에서 교재 집필에 도움을 아끼지 않은 아내 Este에게 감사한다.

이 기 선

Abakada at Diin 알파벳과 악센트

문자는 2차적 기억의 시스템이다

필리핀어 알파벳은 영어 알파벳(26개)에 따갈로그어 고유 알파벳 NG[엔지]와 스페인어 알파벳 Ñ[니예]가 합쳐진 28개의 알파벳으로 구성되어 있습니다. 영어처럼 불규칙한 발음이 없기 때문에 별도의 발음기호가 없어서 읽기가 수월하지만 악센트 유형이 4가지이고 같은 알파벳의 단어라도 악센트가 틀리면 다른 의미가 되는 단어가 많기 때문에 혼란스러울 경우가 많습니다. 반복해서 소리 내어 암송하는 것이 좋습니다.

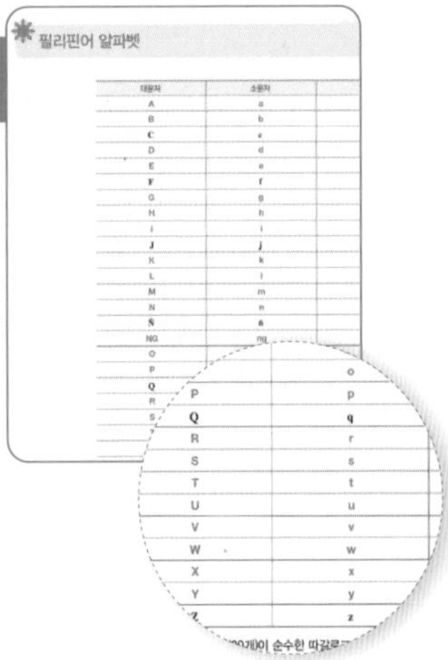

Usapan 상황별 기본 회화

경청은 지혜의 특권이다

각 섹션에서 새로 공부할 분야와 관련된 기본 회화를 소개합니다. 초보자를 위해 5과까지는 한국어 독음을 표기하였으며, 학습효과를 위해 본 교재 내에 나오는 모든 단어들에 대해 악센트를 표기하였습니다. 필리핀 현지의 모든 출판물에는 악센트가 전혀 없으니 참고바랍니다.

Bukabularyo 관련 어휘

단어의 이미지는 견고하다

파트 별로 새롭운 어휘를 정리하였습니다. 어휘력은 외국어 구사의 가장 중요한 요소입니다. 이미지를 연상하면서 기억창고에 열심히 쌓으세요.

Bukabularyo

estudyante 학생

pulís 경찰

magkaibigan 친구관계인

at ~과, ~와, 그리고

masipag 근면한, 부지런한

magkapatíd 형제·자매·남매관계인

sundalo 군인

kotse 자동차, 승용차

mahál 비싼, 사랑하는

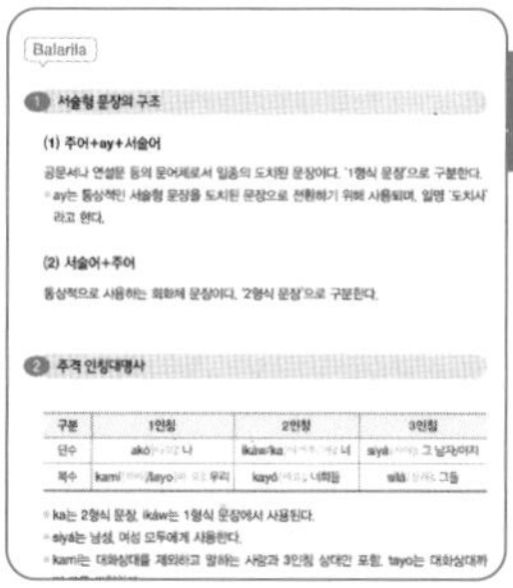

Balarila 문법

언어의 품사를 품다

섹션별로 기본회화에 나오는 문장과 관련된 문법사항을 설명하였고, 추가적으로 쉽고 실용적인 문장을 예문으로 실었습니다.

Pagpapahayag 표현

언어의 역동성이 인간을 장악한다

앞에서 배운 기본문장과 문법내용을 다시 연습할 수 있도록 일상생활에 유용한 문장을 추가로 실어 표현력을 높이도록 하였습니다.

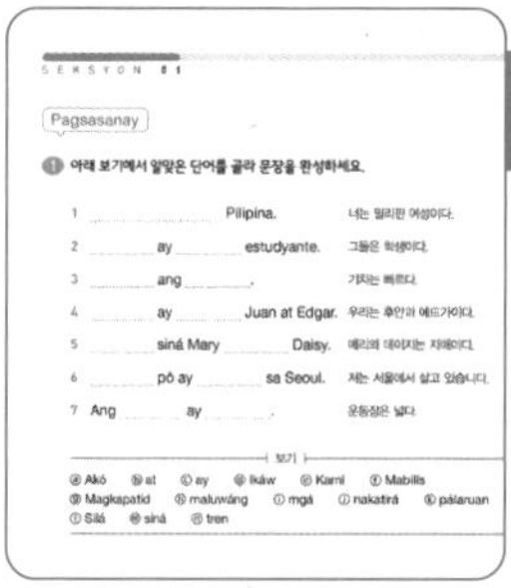

Pagsasanay 연습문제

말할 권리를 절대 옹호한다

앞에서 배운 내용을 바탕으로 문법사항을 좀 더 깊이 숙지하면서 문장 구성능력을 높일 수 있도록 복습을 위한 문제를 제시하였습니다.

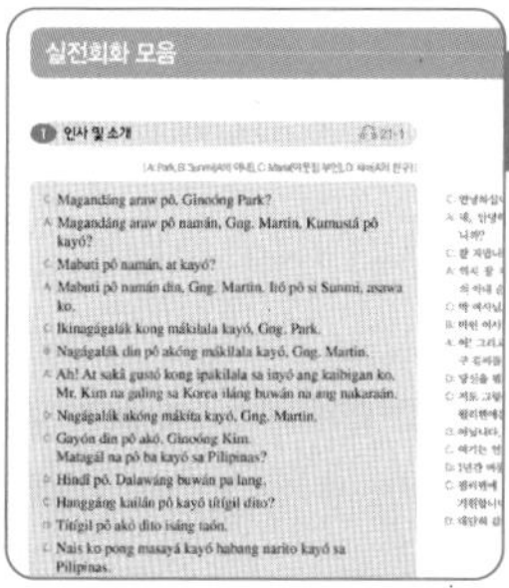

Usapang Praktikal 실전 회화

이 책 마지막에는 부록(Suplemento)으로 실제 상황에서 이루어지는 대화내용을 게재하였습니다. 필리핀 생활과 그들의 언어를 이해하는데 도움이 될 것입니다.

차 례

필리핀어 역사

1 필리핀에서 사용되는 토속어

필리핀은 7,000여 개의 섬으로 구성된 나라이기 때문에 자연발생적으로 독립된 종족이 많을 수 밖에 없는 나라이다. 뿐만 아니라, 환태평양 조산대에 위치한 탓에 화산 발생에 의해 생긴 높은 산으로 막혀 있어서 지역 사이에 왕래가 어려웠기 때문에 하나의 섬이라도 수많은 종족이 독립적으로 형성되었다. 독립된 종족의 숫자가 많다는 것은 그만큼 독립된 토속어가 많다는 의미이기도 하다. 이러한 탓에 필리핀의 토속어는 100개를 넘는다.

2 장기간의 식민지 통치로 인한 외국어 유입

1571년부터 시작하여 1898년까지 이어진 327년이라는 상상하기 힘든 장기간의 스페인 식민지 시대와 1946년까지 45년 동안 계속된 미국의 식민지 시대로 인해 필리핀 국민은 식민지 지배 국가의 언어를 받아들일 수 밖에 없었기 때문에 필리핀 토속어에 스페인어와 영어가 혼재하는 상황이 되었다. 따갈로그어 사전을 보면, 전문적인 의미의 단어나 16세기 이후부터 18세기 말까지 인류에게 사용된 물건이나 용어들은 대부분 따갈로그어화 된 스페인어 단어들이다. 또 미국의 식민지 시대부터는 많은 수의 영어 단어가 따갈로그어식 표기법으로 사전에 등재되어 사용되고 있다.

3 따갈로그어(Tagalog)

따갈로그어는 필리핀의 8개 주요 토속어 중 하나다. Tagalog라는 단어의 기원은 taga(출신)와 ilog(강)의 합성어로 필리핀에서 가장 큰 섬인 루손 섬에서 현재의 수도 마닐라를 중심으로 강가에서 고기를 잡고 농사를 지으며 살던 종족의 토속어라는 설이 있다.

따갈로그어의 원래 알파벳은 바에바에인 문자를 사용하였으나 스페인 식민지 시대에 들어서 라틴 계통의 알파벳으로 바뀌었다. 가장 많은 인구가 사용하기 때문에 따갈로그어가 필리핀의 국어로 인식되고 있지만 완전히 맞는 말은 아니다. 왜냐하면 1945년 필리핀이 독립국가가 되고 나서 식민지 문화를 청산하기 위해 서둘러서 20개 문자의 따갈로그어를 그대로 필리핀 국어로 선포하였으나, 1987년에 영어 단어와 스페인어 단어 그리고 각종 토속어를 쉽게 혼용할 수 있도록 8개를 추가한 28개의 알파벳을 새로운 필리핀 국어로 다시 선포하였기 때문이다.
여기에는 26개 영어의 알파벳 전부와 따갈로그어 고유 알파벳 NG[엔지] 그리고 스페인어를 위한 ñ[니예]로 구성되어 있다. 알파벳의 발음도 고유의 따갈로그어 읽기 방식을 버리고 영어 알파벳 읽기방식을 그대로 도입하였다. 본 교재에서는 필리핀 국어라는 차원에서 따갈로그어라는 용어를 더 이상 사용하지 않고 필리핀어라는 용어로 통일하였으니 참고 바란다.

필리핀어 알파벳

0-1

대문자	소문자	한글음
*A	a	에이
*B	b	비
C	c	씨
*D	d	디
*E	e	이
F	f	에프
*G	g	지
*H	h	에치
*I	i	아이
J	j	제이
*K	k	케이
*L	l	엘
*M	m	엠
*N	n	엔
Ñ	ñ	니예
*NG	ng	엔지
*O	o	오
*P	p	피
Q	q	큐
*R	r	알
*S	s	에스
*T	t	티
*U	u	유
*V	v	브이
*W	w	더블유
*X	x	엑스
*Y	y	와이
Z	z	제-ㅌ

⊙ *으로 표시된 알파벳(20개)이 순수한 따갈로그어 알파벳이므로 이외의 알파벳이 섞인 단어는 외래어라고 보면 된다.

⊙ Ñ[니예]가 들어간 단어는 스페인어로 된 인명 또는 지명의 고유명사를 의미한다.

필리핀어 발음

⊙ 전체적으로 필리핀어 단어는 영어 알파벳 발음대로 읽으면 되고 또한 예외적인 발음이 별로 없기 때문에 영어 단어에 비해 읽기가 매우 수월하다. 따라서 별도의 발음기호를 사용하지 않는다.

1 모음

모음은 a, e, i, o, u로서 발음은 '아, 에, 이, 오, 우'로 발음되고,
이중모음은 ay, aw, uy, oy, ey, iw로서 발음은 '아이, 아우, 우이, 에이, 이우'이다.

2 자음

자음은 K, P, Ñ, NG, T를 제외하고 영어의 자음 알파벳과 같다.

1 K, P, T가 모음 앞에 위치하면 'ㄲ, ㅃ, ㄸ'에 가깝게 발음하고, 단어의 중간이나 끝에서 모음 뒤에 위치하여 받침자음으로 발음될 때는 'ㅋ, ㅍ, ㅌ'의 성문폐쇄 발음을 한다.
⊙ 성문폐쇄(Glottal catch) 발음이란 목소리가 나오는 기관지 구멍을 빨리 닫아 음(音)을 끊어 발음하는 것을 의미한다.

2 모음과 결합된 ÑA, ÑE, ÑO, ÑU는 '냐, 녜, 뇨, 뉴'로 발음된다.

3 NG
(1) 모음과 결합하여 비음(鼻音)이 가미된 [ㅇ]으로 발음한다.
nga[ㅇ아], nge[ㅇ에], ngi[ㅇ이], ngo[ㅇ오], ngu[ㅇ우]
ngipin[ㅇ이-삔] 치아 ngayón[ㅇ아욘] 지금, 오늘

(2) 단독으로 사용되면 [낭]으로 발음된다.

(3) 단어의 끝에 사용되면 받침자음인 [ㅇ]으로 발음된다.
Sayang[사-양]! 안 됐군요!(What a pity!)

4 dy 또는 diy가 모음과 결합하면 'ㅈ'으로 발음된다.
estudyante[에스뚜쟈-ㄴ떼] 학생 Diyós[지요스] 신, 하느님

3 악센트

필리핀어 단어에는 4가지의 악센트 유형이 있다. 또한 같은 스펠링의 단어라도 악센트의 위치에 따라 의미가 완전히 달라지는 단어가 많기 때문에 단어를 외울 때 어떤 유형의 악센트인지 필히 확인해야 한다.

1 마지막 두 번째 모음(음절) 악센트: 별도의 악센트 기호를 표시하지 않는다. 가장 많은 단어의 악센트 유형으로서 끝에서 두 번째 음절을 강하고 길게 발음한다.

lalaki[랄라-끼] 남자

pangalan[빵아-ㄹ란] 이름

⊙ 본 교재에서는 한국어 발음에 붙임표(-)를 넣어 표시했다.

2 마지막 모음(음절) 악센트(´): 단어의 마지막 음절을 강하게 발음한다.

anák[아낙] 어린이

amá[아마] 아버지

⊙ 본 교재에서는 한국어 발음에 별도의 표기를 하지 않았다.

3 마지막 음절 성문폐쇄(ˆ): 단어의 마지막 음절에서 기관지 구멍을 빨리 폐쇄시켜 짧고 강하게 발음한다.

basâ[바사'] 젖은

isdâ[이스다'] 생선

⊙ 본 교재에서는 한국어 발음에 따옴표(')를 넣어 표시했다.

4 마지막 두 번째 모음(음절) 악센트 및 마지막 음절 성문폐쇄(`): 단어의 끝에서 두 번째 음절은 강하고 길게 발음하고, 마지막 음절은 성문폐쇄 발음을 한다. 1유형의 악센트와 3유형의 악센트가 복합된 단어이다.

pusò[뿌-소'] 심장

batà[바-따'] 어린이

⊙ 본 교재에서는 한국어 발음에 붙임표(-)와 따옴표(')를 넣어 표시했다.

SEKSYON 01

소개

Estudyante akó.

나는 학생이다.

Usapan

1-1

Estudyante akó. / Akó ay estudyante. 나는 학생이다.
에스뚜쟈-ㄴ떼 아꼬 아꼬 아이 에스뚜쟈-ㄴ떼

Si Tom akó. / Akó ay si Tom. 나는 톰이다.
시 톰 아꼬 아꼬 아이 시 톰

Pulís siyá. / Siyá ay pulís. 그는 경찰이다.
뿔리스 시야 시야 아이 뿔리스.

Magkaibigan silá. / Silá ay magkaibigan. 그들은 친구관계이다.
막까이비-간 실라 실라 아이 막까이비-간

Siná Tom at Kelly kamí. / Kamí ay siná Tom at Kelly. 우리들은 톰과 켈리이다.
시나 톰 앋 켈리 까미 까미 아이 시나 톰 앋 켈리

Masipag ka. / Ikáw ay masipag. 너는 근면하다.
마시-빡 까 이까우 아이 마시-빡

Magkapatíd kayó. 너희들은 남매이다.
막까빠띠드 까요

Akó pô ay si Chulsoo Kim. 저는 김철수입니다.
아꼬 뽀' 아이 시 철수 킴

Mgá sundalo pô kamí. 저희들은 군인들입니다.
망아 순다-ㄹ로 뽀' 따-요

Magkapatíd pô siná Yeongsoo at Yeongja. 영수와 영자는 남매관계입니다.
막까빠띧 뽀' 시나 영수 앋 영자

Ang kotse ay mahál. 차는 비싸다.
앙 꼬-체 아이 마할.

Bukabularyo

estudyante 학생
pulís 경찰
magkaibigan 친구관계인
at ~과, ~와, 그리고
masipag 근면한, 부지런한
magkapatíd 형제·자매·남매관계인
sundalo 군인
kotse 자동차, 승용차
mahál 비싼, 사랑하는
malusóg 건강한
matandâ 늙은, 나이든
matalino 똑똑한
nakatirá 살고있는, 거주하는
sa ~에, ~로, ~부터
mahirap 어려운, 가난한
magandá 아름다운
bulaklák 꽃
mabilís 빠른
eruplano 비행기
guwapo 미남인, 잘생긴
mámamayán 시민, 국민
Pilipino 필리핀 사람, 필리핀 남자
Pilipina 필리핀 여성
maigsì 짧은
lapis 연필

mahabà 긴

ilog 강

matapáng 용감한

tren 기차

pálaruan 운동장

maluwáng 넓은

matangkád 키가 큰

mámamayáng Koreano 한국인/한국 시민

hangin 바람, 공기

malakás 강한, 튼튼한

batang babae 소녀

batang lalaki 소년

abakada [아바까-다] 알파벳

diín[디인] 악센트

páunáng salitâ [빠우-낭 살리따'] 서문, 머리말

patnubay[빹누-바이] 안내, 가이드

úsápan[우-사-빤] 대화, 회화

balarilà[발라리-ㄹ라'] 문법

pagpapahayag [빡빠빠하-약] 표현, 구술

pagsasanay [빡사사-나이] 연습, 익히기

práktikál[쁘라-ㅋ띠깔] 실질적인, 현실적인

seksyón[섹숀] 과, 부분

nilálamán[닐라-ㄹ라만] 내용, 목차

suplemento [수쁠레메-ㄴ또] 부록, 보충

Balarila

1 서술형 문장의 구조

(1) 주어+ay+서술어

공문서나 연설문 등의 문어체로서 일종의 도치된 문장이다. '1형식 문장'으로 구분한다.

⊙ ay는 통상적인 서술형 문장을 도치된 문장으로 전환하기 위해 사용되며, 일명 '도치사'라고 한다.

(2) 서술어+주어

통상적으로 사용하는 회화체 문장이다. '2형식 문장'으로 구분한다.

2 주격 인칭대명사

구분	1인칭	2인칭	3인칭
단수	akó[아꼬]: 나	ikáw/ka[이까우/까]: 너	siyá[시야]: 그 남자/여자
복수	kamí[까미]/tayo[따-요]: 우리	kayó[까요]: 너희들	silá[실라]: 그들

⊙ ka는 2형식 문장, ikáw는 1형식 문장에서 사용된다.

⊙ siyá는 남성, 여성 모두에게 사용한다.

⊙ kamí는 대화상대를 제외하고 말하는 사람과 3인칭 상대만 포함, tayo는 대화상대까지 모두 포함한다.

⊙ kamí와 자음으로 끝난 ikáw를 제외하고 도치문장의 ay는 'y로 줄여서 쓰기도 한다.

Akó ay → Akó´y [아꼬이]
Silá ay → Silá´y [실라이]

⊙ kayó는 단수 2인칭(ikáw/ka: 너)에 대한 존칭어(당신, 사장님, 선생님 등)로 사용된다.

⊙ silá도 존칭어로 사용되는 경우도 있다.

3 관사와 높임 표현

(1) mgá는 두 개 이상의 복수를 의미하며, 명사 앞에 mgá가 없으면 단수를 의미한다. 단수의 의미를 강조해야 할 경우는 하나를 의미하는 기수 isá[이사]를 사용한다.

(2) si, siná는 주격의 인명 앞에 두는 인명관사로서 si는 한 사람일 경우, siná는 두 사람 이상의 인명이 열거될 때 사용한다.

(3) ang은 주격의 단어가 보통명사일 경우 사용되는 주격관사로서 전체를 의미하거나 이미 서로가 인식하고 있는 대상을 칭할 때 사용한다.

(4) pô는 문장의 첫 번째 단어나 구 다음에 위치시켜 대화의 상대(연장자, 손님 등) 또는 다수의 청취자에 대한 경어체가 되도록 한다.

Pagpapahayag

1-2

Malusóg akó. 말루속 아꼬	나는 건강하다.
Matandâ siyá 마딴다' 시야	그는 늙었다.
Matalino siyá. 마딸리-노 시야	그는 똑똑하다.
Silá ay nakatirá sa Manila. 실라 아이 나까띠라 사 마니-ㄹ라	그들은 마닐라에 살고 있다.
Siyá´y mahirap. 시야이 마히-랖	그는 가난하다.
Magandá ang bulaklák. 마간다 앙 불락랔	꽃은 아름답다.
Mabilís ang eruplano. 마빌리스 앙 에루쁠라-노	비행기는 빠르다.
Ikáw ay si Juan. 이까우 아이 시 후안	너는 후안이다.
Guwapo ka. 구와-뽀 까	너는 미남이다.
Kamí pô ay mgá Pilipino. 까미 뽀' 아이 망아 삘리삐-노	저희들은 필리핀 사람들입니다.
Tayo´y mámamayáng Pilipino. 따-요이 마-마마양 삘리삐-노	우리들은 필리핀 시민이다.
Maigsì ang lapis. 마이-ㄱ시' 앙 라-삐스	그 연필은 짧다.
Mahabà ang ilog. 마하-바' 앙 이-ㄹ록	강은 길다.

Pagsasanay

1 아래 보기에서 알맞은 단어를 골라 문장을 완성하세요.

1 ________ ________ Pilipina. 너는 필리핀 여성이다.

2 ________ ay ________ estudyante. 그들은 학생이다.

3 ________ ang ________. 기차는 빠르다.

4 ________ ay ________ Juan at Edgar. 우리는 후안과 에드가이다.

5 ________ siná Mary ________ Daisy. 메리와 데이지는 자매이다.

6 ________ pô ay ________ sa Seoul. 저는 서울에서 살고 있습니다.

7 Ang ________ ay ________. 운동장은 넓다.

보기

ⓐ Akó ⓑ at ⓒ ay ⓓ Ikáw ⓔ Kamí ⓕ Mabilís
ⓖ Magkapatíd ⓗ maluwáng ⓘ mgá ⓙ nakatirá ⓚ pálaruan
ⓛ Silá ⓜ siná ⓝ tren

2 아래 문장을 2형식 문장으로 작문하세요.

1 너는 키가 크다.

____

2 그들은 친구이다.

____

3 저는 부산에서 살고 있습니다.

____

③ 아래 문장을 1형식 문장으로 작문하세요.

1 저는 한국 국민입니다.

2 바람이 세다.

3 그들은 소녀들이다.

4 너희들은 소년들이다.

SEKSYON 02

인사

Magandáng umaga!

안녕!

Usapan

2-1

Magandáng umaga! 안녕! (아침)!
마간당 우마-가

Magandáng umaga rin! 너도 안녕!
마간당 우마-가 린

Magandáng tanghalì! 안녕! (정오)!
마간당 땅하-ㄹ리'

Magandáng tanghalì namán! 너도 안녕!
마간당 땅하-ㄹ리' 나만

Magandáng umaga pô! 안녕하십니까!
마간당 우마-가 뽀'

Magandáng umaga rin pô! 네, 안녕하십니까!
마간당 우마-가 린 뽀'

Magandáng hapon pô sa inyó! 안녕하십니까, 여러분!
마간당 하-뽄 뽀' 사 인요

Magandáng araw pô sa inyóng lahát! 여러분 모두 안녕하십니까!
마간당 아-라우 뽀' 사 인용 라핱

Salamat!/Waláng anumán! 고마워!/천만에!
살라-맡 왈랑 아누만

Kumustá ka?/Mabuti namán, ikáw? 어떻게 지내?/잘 지내, 너는?
꾸무스따 까 마부-띠 나만, 이까우

Kumustá pô kayó? 어떻게 지내십니까?
꾸무스따 뽀' 까요

Mabuti namán, salamat pô. 잘 지냅니다, 감사합니다.
마부-띠 나만, 살라-맡 뽀'

Kumustá ang negosyo?/Oo, mabuti. 사업은 어때?/응, 좋아.
꾸무스따 앙 네고-쇼 모 오-오, 마부-띠

Paalam na. Maraming salamat. 안녕. 많이 고마워. (헤어질 때)
빠아-ㄹ람 나. 마라 -밍 살라-맡

Bukabularyo

umaga 아침, 오전

din/rin 역시, 또한

tanghalì 정오, 점심

namán 역시, 또한, 정말로, 진짜, 과연

hapon 오후

araw 낮, 해, 태양

lahát 모두, 전부

salamat 감사, 고마움

walâ´ 없다, 존재하지 않다

anumán 무엇이든지, 무엇이라도

Kumustá? 어떻게 지내? (안부를 묻는 인사)

mabuti 좋은, 양호한

negosyo 사업, 비즈니스

oo 응, 그래

paalam 안녕 (헤어질 때 인사)

na 지금, 이미

marami 많은, 충분한

hanggáng ~까지

mulî 다시, 또

lang 단지, 유일하게, 그저, 그냥

pamilya 가족

maligaya 행복한, 즐거운

batì 인사, 축하

nakíkiramay 조의를 표하다(makiramay의 현재형)

tulong 도움, 협조

maligaya 행복한, 즐거운

pagdatíng 도착

Tulóy! 들어와.

pasensya 인내, 참기

kabáitan 친절, 상냥

Pilipinas 필리핀

kaarawán 생일

Korea 한국

TIP

*din/rin: 앞 단어의 마지막 철자가 모음일 경우 자음동화현상으로 rin으로 바뀐다.

Balarila

1 목적격(간접) 인칭대명사

(1) 단수

구분	1인칭: akó	2인칭: ikáw/ka	3인칭: siyá
sa: ~에게	sa akin[사 아-낀]: 나에게	sa iyó[사 이요]: 너에게	sa kanyá[사 깐야]: 그에게
para sa: ~를 위해	para sa akin [빠-라 사 아-낀]: 나를 위해	para sa iyó [빠-라 사 이요]: 너를 위해	para sa kanyá [빠-라 사 깐야]: 그를 위해

(2) 복수

구분	1인칭		2인칭: kayó	3인칭: silá
	kamí	tayo		
sa	sa amin[사 아-민]: 우리에게	sa atin[사 아-띤]: 우리에게	sa inyó[사 인요]: 너희들에게	sa kanilá[사 까닐라]: 그들에게
para sa	para sa amin: 우리를 위해	para sa atin: 우리를 위해	para sa inyó: 너희들을 위해	para sa kanilá: 그들을 위해

- 단수 2인칭(ikáw/ka: 너)에 대한 존칭은 kayó이므로 간접목적격도 sa inyó, para sa inyó이다.
- 문장에는 인칭대명사나 인명의 경우, 직접목적격으로 사용되지 않고 항상 위와 같이 간접목적격 형식으로 사용된다.
- 인칭대명사나 인명이 아닌 보통명사는 ng[낭]이라는 목적격 관사를 선행사로 두어 직접목적격으로 사용된다.

2 kay와 kiná

간접목적격으로 사용되는 인명 앞에는 sa 전치사 대신 kay를 사용한다. 둘 이상의 인명이 열거될 경우에는 kiná를 사용한다.

kay Juan [까이 후안] 후안에게

para **kay** Tom [빠-라 까이 톰] 톰을 위해

kiná Maria at Rosa [끼나 마리아 알 로사] 마리아와 로사에게

para **kiná** Jose at Pedro [빠-라 끼나 호세 알 뻬드로] 호세와 페드로를 위해

Pagpapahayag

2-2

Magandáng hapon! 마간당 하-뽄	안녕! (오후)
Magandáng hapon namán! 마간당 하-뽄 딘	너도 안녕!
Magandáng gabí! 마간당 가비	안녕! (저녁, 밤)
Magandáng gabí rin! 마간당 가비 린	너도 안녕!
Magandáng araw! 마간당 아-라우	안녕! (낮)
Magandáng araw rin! 마간당 아-라우 린	너도 안녕!
Kumustá si Rosa? 꾸무스타 시 로사	로사는 어떻게 지내? (로사는 잘 있어?)
OK lang. 오케이 랑	그냥 그렇게 지내.
Kumustá ang pamilya? 꾸무스타 앙 빠미-ㄹ랴	가족들 잘 있어?
Maligayang batì pô sa inyó. 말리가-양 바-띠' 뽀' 사 인요	여러분 축하드립니다.
Nakíkiramay pô akó. 나끼-끼라마이 뽀' 아꼬	삼가 조의를 표합니다.
Maraming salamat sa tulong! 마라-밍 살라-맡 사 뚜-ㄹ롱	도와줘서 매우 고마워!
Maligayang pagdatíng. Tulóy ka. 말리가-양 빡다띵. 뚤로이 까	어서와.(환영해.) 들어와.
Pasensya ka na. 빠세-ㄴ샤 까 나	미안해.
Pasensya na pô kayó. 빠세-ㄴ샤 나 뽀' 까요	죄송합니다.
Sayang! 사-양	안됐네!(애석하다!)

TIP
*l과 w는 유사모음: din → rin

Pagsasanay

1 아래 보기에서 알맞은 단어를 골라 문장을 완성하세요.

1 Magandáng __________ __________ sa inyóng __________?
여러분 모두 안녕하십니까? (밤인사)

2 Maraming __________ sa __________!
여러분, 대단히 감사합니다!

3 __________ na pô __________.
죄송합니다.

4 __________ na. __________ salamat.
안녕(헤어질 때), 대단히 고마워.

5 Salamat __________ __________.
친절에 감사해.

6 Maligayang __________ sa __________!
너 축하해!

7 Maligayang pagdatíng __________ __________ __________!
필리핀에 오신 것을 환영합니다!

8 Salamat __________ Rosa.
로사에게 감사한다.

보기

ⓐ batì ⓑ gabí ⓒ inyó ⓓ iyó ⓔ kabáítan ⓕ kay ⓖ kayó
ⓗ lahát ⓘ Maraming ⓙ Paalam ⓚ Pasensya ⓛ Pilipinas
ⓜ pô ⓝ sa ⓞ salamat

2 아래 문장을 필리핀어로 작문하세요.

1 안녕하십니까! (정오인사)

2 당신도 안녕하십니까! (정오인사에 대한 응답)

3 생일 축하해.

4 페드로는 어떻게 지내?

5 한국에 온 거 환영해.

6 와 주어서 대단히 고마워.

SEKSYON 03

지시·소유

Itó ay aking kotse.

이것은 내 차다

Bukabularyo

kotse 자동차
lapis 연필
aklát 책, 도서
pagkain 음식, 식품
batà 어린이, 유아
bahay 집, 주택
asawa 배우자
malakí 큰
payong 우산
misis 아내, 부인
mura 싼, 헐한
berde 초록색의
bisikleta 자전거
pulá 빨간, 붉은
damít 옷
papél 종이
diláw 노란
sapatos 신발
tahimik 조용한
ulán 비
malamíg 차가운, 추운
laruán 장난감
bago 새로운, 새것인
mahabà 긴
bundók 산
mababà 낮은

Usapan

3-1

Itó ay si Tom. 이 사람은 톰이다.
이또 아이 시 톰

Itó ay aking kotse. 이것은 내 차다.
이또 아이 아-낑 꼬-체

Iyán ay lapis ko. 그것은 나의 연필이다.
이얀 아이 라-삐스 꼬

Mgá aklát mo iyón. 저것은 너의 책들이다.
망아 아끌 모 이욘

Itó'y pagkain para sa batang iyón. 이것은 저 아이를 위한 음식이다.
이또이 빡까-인 낭 바-땅 이욘

Mahál ang bahay na iyón. 저 집은 비싸다.
마할 앙 바하이 이욘

Iyán ay payong ni Pedro. 그것은 페드로의 우산이다.
이얀 아이 빠-용 니 뻬-드로

Kumustá pô ang inyóng misis? 사모님은 잘 계십니까?
꾸무스타 뽀' 앙 인용 미-시스

Mura ang berdeng bisikleta niyá. 그의 초록색 자전거는 싸다.
무-라 앙 베-르뎅 비시끌레-따 니야

Akin ang puláng damít na itó. 이 빨간 옷은 내 거다.
아-낀 앙 뿔랑 다밑 나 이또

Sa inyó ang mgá papél na diláw na iyón. 저 노란 종이들은 너희들의 것이다.
사 인요 앙 망아 이용 빠뻴 나 딜라우

Balarila

1 지시대명사

itó [이또] 이것　　iyán [이얀] 그것
iyón [이욘] 저것

⊙ 그 집(단수): bahay na iyán = iyáng bahay
⊙ 이 신발들(복수): mgá sapatos na itó = itóng mgá sapatos

2 연결사

필리핀어에는 두 종류의 연결사가 있다. 그중 하나는 이미 공부한 ay로서 1형식 문장에서 주어와 술어를 연결해 주는 단순 기능만 하고, 또 하나는 na로서 단어, 구, 문장을 수식하는 관계가 되도록 서로 연결하는 매우 중요한 기능을 한다. na는 '지금, 이미, 벌써' 등의 의미를 가지고 있기 때문에 필리핀어 단어 중에서 가장 자주 사용되는 단어라 할 수 있다. na를 이용하여 형용사가 명사를 수식하도록 단어를 연결하는 방법은 다음과 같다.

(1) 앞의 단어가 n을 제외한 자음으로 끝난 경우: na

bahay na malakí [바하이 나 말라끼] 큰 집
tahimik na batà [따히-믹 나 바-따'] 조용한 어린이

(2) 앞의 단어가 모음으로 끝난 경우: -ng

magandáng babae [마간당 바바-에] 아름다운 여자
batang lalaki [바-땅 랄라-끼] 소년
batang babae [바-땅 바바-에] 소녀

(3) 앞의 단어가 n으로 끝난 경우: n대신 ng

uláng malakás 세차게 내리는 비
hanging malamíg 찬바람

(4) 명사와 형용사는 위치가 서로 바뀌어도 상관없다.

uláng malakás = malakás na ulán [말라까스 나 울란]
bahay na malakí = malakíng bahay [말라낑 바하이]

pero 그러나
mataás 높은
aplaya 해변, 바닷가
tamà 맞는, 올바른, 정확한
manók 닭
bibi 오리
gansâ 거위
maputî 흰, 백색의
buhók 머리카락
itím 검은
páaralán 학교
gurò 선생, 교사
silya 의자
asúl 푸른
bakód 담, 울타리
mesa 책상, 탁자
anák 자녀, 자식
anák na babae 딸
anák na lalaki 아들
mgá magulang 부모

TIP

*batà의 발음은 마지막 두 번째 모음(음절) 악센트 및 마지막 모음 성문폐쇄의 복합 악센트이나 연결사와 결합되면 성문폐쇄발음은 없어진다.

3 인친대명사

(1) 단수

구분	1인칭: akó	2인칭: ikáw/ka	3인칭: siyá
전부수식	akin: 나의	iyó: 너의	kanyá: 그의
후부수식	ko[꼬]	mo[모]	niyá[니야]

(2) 복수

구분	1인칭		2인칭: kayó	3인칭: silá
	kamí	tayo		
전부수식	amin: 우리의	atin: 우리의	inyó: 너희들의	kanilá: 그들의
후부수식	namin[나-민]	natin[나-띤]	ninyó[닌요]	nilá[닐라]

⊙ 전부수식이란 소유격 인칭대명사가 소유대상 앞에 위치하는 경우이고, 후부수식이란 소유대상 뒤에 위치하는 경우이며, 의미의 차이는 없다.

ating bahay = bahay natin 우리들의 집
inyóng laruán = laruán ninyó 너희들의 장난감

⊙ 인칭대명사를 사용한 '~의 것이다'라는 소유의 의미는 전부수식 소유격 자체로 표현하거나, 'sa+소유격'으로 표현할 수 있다. 고유명사(인명)일 경우에는 kay(복수: kiná)를 사용하여 소유자를 표현한다.

⊙ 단수 2인칭(ikáw/ka: 너)에 대한 존칭은 kayó이므로 소유격도 inyó, ninyó이다.

(3) 인명(고유명사): 소유격관사 ni(복수는 niná)

sapatos ni Rosa 로사의 신발
bahay niná Jose at Maria 호세와 마리아의 집
mgá lapis niná Pedro 페드로와 동료들의 연필들

⊙ 복수 소유격관사 niná가 한 사람의 이름 앞에 사용된 경우는 '그 사람과 동료들'이라는 의미가 된다.

(4) 보통명사(사물): 소유격관사 ng(복수: ng mgá)

aklát ng kaibigan 친구의 책
bahay ng mgá lalaki 남자들의 집

Pagpapahayag

3-2

Kumustá ang negosyo mo? 너의 사업은 잘되고 있어?
꾸무스따 앙 네고-쇼 모

Ang mgá aklát na itó ay bago.
앙 망아 아끌랃 나 이또 아이 바-고 이 책들은 새것이다.

Iyón ay mahabà. 저것은 길다.
이욘 아이 마하-바'

Itóng bundók ay mababà pero iyáng bundók ay mataás.
이똥 분독 아이 마바-바' 뻬-로 이양 분독 아이 마따아스 이 산은 낮고 그 산은 높다.

Magandá ang aplayang itó. 이 해안은 아름답다.
마간다 앙 아쁠라-양 이또

Tamà sa akin ang damít na pulá. 빨간색 옷이 나에게 맞다(어울린다).
따-마' 사 아-낀 앙 다밑 나 뿔라

Kanilá ang bahay na itó. 이 집은 그들의 것이다.
까닐라(=사 까닐라) 앙 바하이 나 이또

Sa kanilá ang malakíng bahay na iyán.
사 까닐라 앙 말라낑 바하이 나 이얀 그 큰집은 그들의 것이다.

Itó'y manók, iyán ay bibi at iyón ay gansâ.
이또이 마녹, 이얀 아이 비-비 앋 이욘 아이 간사' 이것은 닭이고, 그것은 오리이고 그리고 저것은 거위이다.

Maputî ang buhók niyá. 그의 머리카락은 희다.
마뿌띠' 앙 부혹 니야

Itím ang kotse ni Juan. 후안의 차는 검은 색이다.
이띰 앙 꼬-체 니 후-안

Malakí ang páaralán ng mgá gurò. 선생님들의 학교는 크다.
말라끼 앙 빠-아랄란 낭 망아 구-로'

Kay Jose ang silyang itó. 이 의자는 호세의 것이다.
까이 호-세 앙 시-ㄹ량 이또

TIP

*성문폐쇄 악센트가 연결사 -ng과 결합하면 단순 악센트로 변한다.

maputî → maputíng buhók

Pagsasanay

1 아래 보기에서 알맞은 단어를 골라 문장을 완성하세요.

1 __________ __________ ang negosyo __________?
사업은 잘 되고 있으십니까?

2 Sa __________ ang __________ bahay na __________.
저 하얀 집이 우리들 것이다.

3 __________ ang __________ damít __________ Rosa at Kim.
로사와 킴의 옷들은 붉다.

4 __________ ang bakód __________ bahay __________.
우리 집의 담은 푸른색이다.

5 __________ Maria ang maputíng rosas na __________.
이 하얀 장미는 마리아의 것이다.

6 __________ Pedro __________ mgá aklát __________ iyón.
저 책들은 페드로와 동료들의 것이다.

보기

ⓐ ang ⓑ Asúl ⓒ atin ⓓ itó ⓔ iyón ⓕ Kay ⓖ Kiná
ⓗ Kumustá ⓘ maputíng ⓙ mgá ⓚ na ⓛ natin ⓜ ng
ⓝ niná ⓞ ninyó ⓟ pô ⓠ pulá

2 아래 문장을 필리핀어로 작문하세요. (2형식 문장)

1 이것은 선생님의 책들이다.

2 저 노란 차는 마리아의 것이다.

3 그 책상은 너의 것이다.

4 저 검은 옷들은 페드로와 호세의 것이다.

5 그것은 로사와 마리아의 장미꽃들이다

6 네 딸들은 어떻게 지내?

7 이 자전거는 내 아들들을 위한거야.

8 그 사람의 부모님은 어떻게 지내셔?

SEKSYON 04

의문

리베-라 로사양은 학생이냐?

Estudyante ba si Bb. Rosa Rivera?

Bukabularyo

titser 교사, 선생님
mainit 뜨거운, 더운
gutóm 배고픈
tamád 게으른
pitakà 지갑
pamangkin 조카 또는 질녀
pamangking lalaki 조카
pamangking babae 조카딸
púpuntá 갈 예정이다
bukas 내일
karpintero 목수
magalíng 잘하는, 능력 있는
pangalan 이름
gustó 소망, 바람
sumama 함께 갔다
anák 아이, 자녀
CR(Comfort Room) 화장실
dumatíng 도착했다
nagágálit 화를 내고 있다
nakapuntá 가본 적이 있다
nakatirá 살고 있다
sabi 말, 말한 것, 언급
líbángan 취미
pagbabasá 독서, 책읽기
sombrero 모자

Usapan

4-1

Itó ba ay mgá aklát ng gurò?/Oo. 이것은 선생님의 책들이냐?/응.
이또 바 아이 망아 아끌랕 낭 구-' 오-오

Ikáw pô ba ay si Ginoóng Juan Rizál?/Hindî. 당신이 리잘 후안 씨 입니까?/아니야.
이까우뽀 바 아이 시 기노옹 후안 리잘 힌'

Kayó pô ba ay titser?/Opò. 당신은 선생님이십니까?/예.
까요 뽀' 바 아이 띠-처ㄹ 오-뽀'

Estudyante ba si Bb. Rosa Rivera? 리베-라 로사양은 학생이냐?
에스뚜쟈-ㄴ떼 바 시 비니비-닝 로-사 리베-라

Opò, estudyante siyá. 예, 그는 학생입니다.
오-뽀', 에스뚜쟈-ㄴ떼 시야

Mainit ba diyán?/Hindî pô. 거기는 더워?/아닙니다.
마이-닡 바 지얀 힌디' 뽀'

Gutóm ka na ba?/Hindî, busóg pa akó. 너 지금 배고파?/아니, 아직 배불러.
구똠 까 나 바 힌디', 부속 나 아꼬

Siyá ba ay masipag o tamád? 그 사람은 부지런하냐, 아니면 게으르냐?
시야 바 아이 마시-빡 오 따맏

Masipag siyá. 그는 부지런해.
마시-빡 시야

Anó iyán?/Aking pitakà itó. 그건 뭐냐?/이건 내 지갑이야.
아노 얀 아-낑 삐다-까' 이또

Kailán kayó púpuntá sa Seoul? 너희들은 언제 서울로 갈 거야?
까일란 까요 뿌-뿐따 사 서울

Bukas tayo púpuntá. 우리는 내일 갈 거다.
부-까스 따-요 뿌-뿐따

Sino ang pamangking lalaki mo? 누가 너의 조카냐?
시-노 앙 빠마-ㅇ낑 랄라-끼 모

Balarila

1 필리핀어의 존칭

◎ 남성 이름 앞에는 Ginoóng[기노옹](Mr.)을 사용하며 약어는 G.이나 중간이름으로 혼동 할 수 있기 때문에 Ginoóng을 그대로 쓰기도 한다.

◎ 기혼 여성 이름 앞에는 Ginang[기-낭](Mrs.)을 사용하며 약어는 Gng.이다.

◎ 미혼 여성 이름 앞에는 Binibining[비니비-닝](Miss)을 사용하며 약어는 Bb.이다.

◎ Oo의 경어체는 Opò[오-뽀'](Yes, sir) 또는 Ohò[오-호']를 사용한다.

2 지시대명사(itó, iyán, iyón)의 파생어

구분	소유(~의)	장소(~에)	현재 위치 (~에 있다)	비유 (~처럼, ~와 같은)	*위치/방향 (~에 있다)
itó(이것)	nitó [니또]	dito(여기) [디-또]	náritó/nanditó [나-리또/난디또]	ganitó [가니또]	eto/heto [에-또/헤-또]
iyán(그것)	niyán [니얀]	diyán(거기) [디얀]	náriyán/nandiyán [나-리얀/난지얀]	ganyán [간얀]	ayán/hayán [아얀/하얀]
iyón(저것)	niyón [니욘]	doón(저기) [도온]	nároón/nandoón [나-로온/난도온]	ganoón/ganón [가노온/가논]	ayún/hayún [아윤/하윤]

*대상물이 말하는 사람과 듣는 사람이 함께 볼 수 있는 경우

Kulay-abó ang payong nitó. 이 사람의 우산은 회색이다.
[꾸-ㄹ라이 아보 앙 빠-용 니또]

Ang bigát niyán ay sampúng kilo. 그것의 무게는 10킬로그램이다.
[앙 비갇 니얀 삼뿡 끼-ㄹ로]

Ditó tayo kumain 여기서 먹자.
[디-또 따-요 꾸마-인]

páliparan 공항, 비행장
kulay-abó 회색
payong 우산
bigát 무게, 하중
sampû 10, 열
kilo 킬로
lumà 낡은, 오래된
bahay-kubo 오두막
lakí 크기, 사이즈
miyembro 구성원, 멤버
garahe 차고
pumuntá 갔다

Tayo'y púpuntá doón 우리는 저기로 갈 것이다.
[따-요이 뿌-뿐따 도온]

Nároón ang lumang bahay-kubo. 저기에 낡은 오두막집이 있다.
[나-로온 앙 루-망 바-하이 꾸-보]

Ganitó ang barò mo. 네 옷은 이것과 같다.
[가니또 앙 바-로' 모]

Ganyán ba ang lakí ng bahay mo? 너의 집 크기는 그 집과 같으냐?
[간얀 바 앙 라끼 낭 바-하이 모]

Eto ang bahay namin. 여기에 우리의 집이 있다.
[에-또 앙 바-하이 나-민]

3 의문문

(1) 의문조사(ba)를 사용하는 의문문 : 문장의 첫 번째 단어나 구 다음에 ba가 위치한다.

1) 서술형 의문문

① 1형식 문장은 주어 다음(도치사 ay 앞)에 ba를 둔다.

Ikáw ba ay si Rosa? 네가 로사이냐?
Ang karpintero ba ay magalíng? 그 목수는 실력이 좋으냐?

② 2형식 문장은 서술어 다음에 ba를 둔다.

Magandá ba ang batang babae? 그 소녀는 아름다우냐?
Matangkád ba si Tom? 톰은 키가 크냐?

2) 선택형 의문문

'이것인지 저것인지?' 또는 '~인지 아닌지?'의 의미로서 하나를 선택하게 하는 의문문

Siyá ba ay mayaman o mahirap? 그는 부자야, 아니면 가난해?
Koreano ba o Pilipino siyá? 그는 한국 남자야, 아니면 필리핀 남자야?

(2) 의문사를 사용하는 의문문

의문사	뜻	예문
Sino? [시-노]	누구?	Sino pô kayó? 당신은 누구입니까?
Anó? [아노]	무엇?	Anó pô ang pangalan ninyó? 당신의 이름은 무엇입니까?
Alín? [알린]	어느 것?	Alín pô ang inyóng gustó? 어느 것을 좋아합니까?
Kanino? [까니-노]	누구의?	Kanino ang sombrero na iyán? 그 모자는 누구의 것이냐?
	누구에게?	kanino ka púpuntá? 누구에게 가느냐?
Kung kanino? [꿍 까니노]	누구와?	Kung kanino ba siyá sumama? 그는 누구와 함께 갔느냐?
Para kanino? [빠-라 까니-노]	누구를 위해?	Para kanino ba iyán? 그것은 누구를 위한 것이냐?
Ilán? [일란]	몇… ?	Ilán pô ang anák ninyó? 당신의 자녀는 몇 명입니까?
Kailán? [까일란]	언제?	Kailán kayó dumatíng sa páliparan? 당신은 언제 공항에 도착했습니까?
Násaán? [나-사안]	어디?	Násaán siyá? 그는 지금 어디에 있어?
Saán? [사안]	어디?	Saán ang páaralán? 그 학교는 어디에 있어?
Magkano? [막까-노]	얼마?	Magkano ang aklát? 그 책은 얼마야?
Paano? [빠아-노]	어떻게?	Paano ka púpuntá? 어떻게 가느냐?
Gaano? [가아-노]	얼마나?	Gaano kalayó doón? 거기(저기)는 얼마나 멀어?
Bakit? [바-]	왜?	Bakit siyá nagágálit? 왜 그는 화를 내고 있어?
Makailán? [마까일란]	몇 번?	Makailán ka nakapuntá sa Pilipinas? 필리핀에 몇 번 갔느냐?

⊙ 의문사가 있는 의문문에 의문조사 ba를 사용하면 격식을 차리거나 강조하는 의미를 갖게 하며 의문사 다음에 ba를 둔다.

(3) **Násaán**과 **Saán**의 차이

1) Násaán: 자의 또는 타의로 움직여 질 수 있는 대상물의 현재 위치를 묻는 의문사이다.
nasa+장소, **náritó/nanditó**, **náriyán/nandiyán**, **náro**ó**n/nando**ó**n**으로 대답한다.

2) Saán: 움직여 질 수 없는 장소의 방향, 위치를 묻는 의문사이다.
sa+장소, dito, diyán, doón으로 대답한다.

(4) 복수의문사를 사용하는 의문문

1) 기본원칙

⊙ 두 음절 의문사는 전체를 반복하고, 세 음절 이상 의문사는 처음 두 음절만 반복
⊙ 반복되는 의문사는 연자부호(–)를 삽입
⊙ 앞부분의 두 번째 음절에 악센트를 둔다.
⊙ 마지막 음절이 'o'인 경우는 'u'로 바뀌어 반복
⊙ Násaán, Bakit, Makailán, Paano, Gaano 의문사는 복수의문사로 변화 불가

2) 예문

Ilán-ilán ang mgá anák nilá? 그들은 각자 아이들이 몇 명씩이냐?
Alín-alín ang inyóng gustó? 너희들은 어느 것들을 좋아하느냐?
Sinú-sino ang iyóng mgá anák? 너의 아이들은 누구누구냐?
Saán-Saán kayó nakatirá? 너희들은 어디어디에 살고 있느냐?
Kaní-kanino ang mgá bahay na iyón. 저 집들은 누구누구의 것이냐?
Kaní-Kanino ang mgá lapis na iyán? 그 연필들은 누구누구의 것이냐?

Pagpapahayag

4-2

Siyá pô ba ay si Gng. Rizál?
시야 뽀' 바 아이 시 기-낭 마리-아
그분이 리잘 여사이십니까?

Si G. Rizál pô ba kayó?
시 기노옹 리잘 뽀' 바 까요
선생님(또는 사장님)이 리잘 씨 입니까?

Hindî pô.
힌디' 뽀'
아닙니다.

Totoó ba ang sinabi niyá?
또또오 바 앙 사라-비 냐
그의 말은 사실이냐?

Opò, totoó.
오-뽀' 또-또오
예, 사실입니다.

Anó ang líbángan mo?
아노 앙 리-바-ㅇ안 모
너의 취미는 뭐냐?

Pagbabasá pô.
빡바바사 뽀'
독서입니다.

Anú-Anó ang mgá pangalan ninyó?
아누 아노 앙 망아 빵아-ㄹ란 닌요
너희들의 이름은 무엇이냐?

Ayún ang anák ni Pedro.
아윤 앙 아낙 니 뻬-드로
페드로의 아이가 저기에 있다.

Nandiyán pô ba ang iná ko?
난지얀 뽀' 바 앙 이나 꼬
저의 어머니가 거기에 있습니까?

Oo, nanditó siyá.
오-오 난디또 샤
응, 여기 계셔.

Násaán ang kotse mo?
나-사안 앙 꼬-체 모
네 차는 어디에 있어?

Nasa garahe pô.
나-사 가라-헤
차고에 있습니다.

Saán pumuntá si Nilda?
사안 뿌문따 시 비-니비-닝 니-ㄹ다
닐다는 어디 갔어?

Sa CR.
사 씨알
화장실에 갔어.

Pagsasanay

1 아래 보기에서 알맞은 단어를 골라 문장을 완성하세요.

1 Siyá ________ ay guwapo ________ ________?
그는 미남이야, 아니야?

2 Kayó ________ ba ________ si ________ Chulsoo Kim?
선생님이 김철수 씨 이십니까?

3 ________ pô si ________ Rosa?
로사 양이 누구십니까?

4 ________ ang ________?
화장실은 어디에 있어요?

5 ________ ang bahay ni ________ Maria?
마리아 여사님의 집은 어느 거예요?

6 ________ ________ damít ________?
내 옷은 어디 있어?

7 ________ ba ________ púpuntá?
너희들은 각자 어디어디로 갈 예정이냐?

보기

ⓐ Alín ⓑ ang ⓒ ay ⓓ ba ⓔ Bb. ⓕ CR ⓖ hindî ⓗ G.
ⓘ Gng. ⓙ kayó ⓚ ko ⓛ Násaán ⓜ o ⓝ pô ⓞ Saán
ⓟ Saán-saán ⓠ Sino

❷ 아래 문장을 필리핀어로 작문하세요. (2형식 문장)

1 호세 씨는 어디에 계십니까?

---

2 저 학생들은 성실해?

---

3 어느 것이 네 신발이냐?

---

4 그 책들의 가격은 각각 얼마씩입니까?

---

5 네 여자친구는 미인이야?

---

6 너의 아버지는 어디 계시냐?

---

7 시장은 얼마나 멀어?

---

8 거기까지는 버스로 얼마나 걸려?

SEKSYON 05 비교·부정

Akó ay hindî mayaman.

나는 부자가 아니다.

Bukabularyo

mayaman 부유한
pangit 추한, 못생긴
magalang 예의바른, 공손한
punò 나무
manggá 망고
tao 사람
matapang 용감한
bilís 빠르기, 속도
gandá 아름다움
baít 친절, 착함
mas 더욱
payát 날씬한, 여윈
kaysá ~보다
malamíg 시원한, 추운, 차가운
lugár 장소
lunsód(=lungsód) 시, 도시
relós 시계
pandák 키가 작은
matangkád 키가 큰
dunong 지식, 지혜
tumátakbó 달린다, 달리고 있다
motorsiklo 오토바이
bundók 산
nayon 마을

Usapan

5-1

Akó ay hindî mayaman. / Hindî akó mayaman.
아꼬 아이 힌디 마야-만 힌디' 아꼬 마야-만 나는 부자가 아니다.

Ang babaing iyón ay hindî pangit. / Hindî pangit ang babaing iyón.
앙 바바-잉 이욘 아이 힌디' 빠-ㅇ잍 힌디' 빠-ㅇ잍 앙 바바-잉 이욘
저 여자는 추하지 않다.

Si Pedro ay hindî magalang. / Hindî magalang si Pedro.
시 뻬-드로 아이 힌디' 마가-ㄹ랑 힌디' 마가-ㄹ랑 시 뻬-드로
페드로는 공손하지 않다.

Ang taong iyón ba ay hindî matapang? 저 사람은 용감하지 않느냐?
앙 따-옹 이욘 바 아이 힌디' 마따-빵

Hindî ba matapang ang taong iyón?
힌디' 바 마따-빵 앙 따-옹 이욘

Malalakí ang mgá punò ng manggá doón.
말라라끼 앙 망아 부-노' 낭 망가 도온 저기 망고 나무들은 크다.

Ang kotse ay kasímbilís ng tren. 자동차는 기차처럼 빠르다.
앙 꼬-체 아이 까시-ㅁ빌리스 낭 뜨렌

Si Rosa at si Maria ay magkasínggandá.
앙 꼬-체 알 앙 뜨렌 아이 막까시-ㅇ간다 로사와 마리아는 둘 다(비슷한 수준의) 미인이다.

Ang batang iyón ay hindî kasímbaít ng batang iyán.
앙 바-땅 이욘 아이 힌디' 까시-ㅁ바잍 낭 바-땅 이얀 저 아이는 그 아이처럼 착하지 않다.

Si Juan ay mas payát kaysá kay Jose. 후안은 호세보다 날씬하다.
시 후-안 아이 마스 빠얕 까이사 까이 호-세

Pinakamalamíg na lugár sa Pilipinas ang lunsód ng Báguio.
삐나까말라믹 나 루가르 사 삘리삐-나스 앙 룬솓 낭 바기-오
바-기오 시는 필리핀에서 가장 시원한 지역이다.

Sobrang mahál ang relós na itó. 이 시계는 대단히 비싸다.
소-브랑 마할 앙 렐로스 나 이또

Balarila

1 부정문

(1) 1형식 문장: 연결사 ay 바로 다음에 hindî를 두어 부정문을 만든다.

(2) 2형식 문장: 문장 앞에 hindî를 두며, 경우별로 아래의 규칙을 따른다.

1) 보통명사 및 사람 이름이 주어인 경우: 문장의 구조에 변화가 없다.

Magandá ang babae. 그 여자는 아름답다.
→ Hindî magandá ang babae. 그 여자는 아름답지 않다.

Mayaman si Tom. 톰은 부자다.
→ Hindî mayaman si Tom. 톰은 부자가 아니다.

2) 인칭대명사가 주어인 경우: hindî 바로 다음에 인칭대명사가 온다.

Pangit siyá. 그녀는 추하다.
→ Hindî siyá pangit. 그녀는 추하지 않다.

Titser kamí. 우리는 선생이다.
→ Hindî kamí titser. 우리는 선생이 아니다.

3) 지시대명사가 주어인 경우: 어순(語順)에 무관하다.

Mahál iyán.
→ Hindî mahál iyán. (=Hindî iyán mahál.) 그것은 비싸지 않다.

(3) 부정의문문

부정의문문에 대한 대답은 우리말과 같으나, 영어와 같은 방법으로 대답해도 문제는 없다.

Hindî pô ba kayó estudyante? 당신은 학생이 아닙니까?
→ Oo(=Hindî), hindî akó estudyante. 응, 나는 학생이 아니야.
→ Hindî(=Oo), estudyante akó. 아니, 나는 학생이야.

(4) 부가의문문

문장의 끝에 hindî ba(=dî ba)? 또는 anó?를 붙여서 부가의문문을 나타낸다.

Pandák si Tom, hindî ba(=dî ba 또는 anó)? 톰은 키가 작아, 안 그래?
→ Oo, pandák siyá. 응, 그는 키가 작아.
→ Hindî, matangkád siyá. 아니, 그는 키가 커.

malinis 깨끗한
hardín 정원
marumí 불결한, 더러운
pulítikó 정치가
tapát 정직한, 충실한
bayad 지불, 요금
taksi 택시
bus 버스
ubas 포도
matamís 단맛이 나는
para ~하기 위해
magtrabaho 일하다
liít 작음
Estados Unidos 미국
mahál 비싼

2 형용사의 원급 · 비교급 · 최상급

(1) 원급

1) kasíng+형용사 어근+ni(인명)/ng(보통명사)/후부수식 소유격: ~처럼 ~하다

Si Mary ay kasínsípag ni Kelly. 메리는 켈리처럼 부지런하다.

Ang anák ko ay kasímbaít ng anák mo. 나의 아이는 너의 아이처럼 착하다.

Si Rosa ay kasíngganda niyá. 로사는 그녀처럼 예쁘다.

2) magkasíng+형용사 어근: 모두(같은 수준으로) ~하다

Siná Maria at Kelly ay magkasínsípag. 마리아와 켈리는 모두 부지런하다.

Magkasímbaít ang dalawáng batà. 두 아이들 모두 착하다.

⊙ 형용사 어근의 첫 번째 철자가 b와 p이면 kasím~/magkasím~이고 d, l, r, s,t 는 kasín~/magkasín~이며, 기타 모든 철자는 kasíng~/magkasíng~이다.

⊙ 비교되는 대상이 셋 이상일 경우 magkakasing~을 사용한다.

3) 형용사+pareho/gaya+ni/ng/후부수식 소유격: ~처럼 ~하다.

Magandá gaya(=pareho) ni Kelly si Maria. 마리아는 켈리처럼 아름답다.

Itó ay mahál pareho niyán. 이것은 그것처럼 비싸다.

(2) 비교급

1) lalong(=mas)+형용사+kaysá kay(인명)/sa(명사/대명사): ~보다 ~하다

Si Pedro ay lalong(=mas) marunong kaysá kay Juan.
페드로는 후안보다 영리하다.

Tumátakbó nang mas mabilís kaysá sa bisikleta ang motorsiklo.
오토바이는 자전거보다 더 빨리 달린다.

Itó ay mas mabilís kaysá iyán.
이것은 그것보다 빠르다.

⊙ 지시대명사는 별도의 전치사가 필요 없다.

2) hindî kasíng+형용사 어근+ni/ng/후부수식 소유격: ~만큼(~처럼) ~않다

Si Tom ay hindî kasíndúnong ni Maria.
톰은 마리아만큼 똑똑하지 않다.

Hindî kasímbaít ng anák niyá ang aking anák.
나의 아이는 그의 아이처럼 착하지 않다.

(3) 최상급 : pinaka+형용사: 가장 ~하다

pinakamayaman 가장 부유하다
pinakamalakí 가장 크다
pinakamasipag 가장 근면하다

Pinakamataás na bundók sa Korea ang Baekdusan.
백두산은 한국에서 가장 높은 산이다.

Si Amy ay pinakamagandá sa nayon natin.
아미는 우리 마을에서 가장 예쁘다.

3 형용사 강조: 형용사의 의미에 '매우' 또는 '대단히'의 의미

(1) 연결사(na/-ng)를 이용하여 형용사를 반복

masamáng-masamâ 매우 나쁜
mabaít na mabaít 매우 친절한
masipag na masipag 매우 열심인
magandáng-magandá 매우 아름다운

⊙ 형용사의 마지막 철자가 자음(n 제외)이면 na, 모음이면 -ng으로 연결하고, n이면 ng으로 바꾸어 연결한다. -ng으로 연결할 경우 연자부호를 삽입한다.

(2) nápaka+형용사 어근

nápakarúnong 대단히 영리한
nápakagandá 매우 아름다운
nápakapángit 매우 추한
nápakatandâ 아주 나이가 많은

⊙ 1형식 문장의 주어는 주격이지만, 2형식 문장의 주어는 조격이다. 인칭대명사의 조격은 소유격대명사의 후부수식과 동일하고, 인명일 경우는 ni(복수: niná)를 선행사로 두고, 보통명사일 경우는 ng(복수: ng mgá)을 선행사로 둔다. 조격에 대해서는 비행위자중심동사를 공부할 때 상세히 설명할 예정이다.

Ang bahay mo ay nápakalakí. 너의 집은 대단히 크다.
Nnápakagandá ng damít niyá. 그의 옷은 매우 아름답다.

4 기수와 서수

숫자	기수		서수	
	필리핀어	스페인어	ika	pang
1	isá	uno	una	panguna
2	dalawá	dos	ikalawá	pangalawá
3	tatló	tres	ikatló	pangatló
4	apat	kuwatro	ikaapat	pang-apat
5	limá	singko	가)	나)
6	anim	saís		
7	pitó	siyete		
8	waló	otso		
9	siyám	nuwebe		
10	sampû	diyes		
11	labíng-isá	onse		
12	labíndalawá	dose		
13	labíntatló	trese		
14	labíng-apat	katorse		
15	labínlimá	kinse		
16	labíng-anim	disisaís		
17	labímpitó	disisiyete		
18	labíngwaló	disiotso		
19	labínsiyám	disinuwebe		
20	dalawampû	beynte		
21	dalawampú't isá	beynte uno		
30	tatlumpû	treynta		
36	tatlumpú't anim	treynta'y saís		
40	apatnapû	kuwarenta		
47	apatnapú't pitó	kuwarenta'y siyete		
50	limampû	singkuwenta		
60	animnapû	sesenta		
70	pitumpû	setenta		

80	walumpû	otsenta		
90	siyamnapû	nobenta		
100	sandaán	siyento		
101	sandaá't isá	siyento uno		
110	sandaá't sampû	siyento diyes		
200	dalawáng daán	dos siyentos		
400	apat na raán	kuwatro siyentos		
500	limáng daán	kinyentos		
1000	sanlibo	mil		
1010	sanlibo't sampû	mil diyes		
2000	dalawáng libo	dos mil		
5000	limáng libo	singko mil		
10000	sampúng libo	diyes mil		

⊙ 가), 나): 서수 넷째부터는 변형 없이 ika 또는 pang에 따갈로그어 기수를 그대로 연결하며, 'ika기수'는 시간과 날짜 표현에 주로 사용하고, 'pang기수'는 등수나 순위를 나타낼 때, 주로 사용한다.

⊙ 기수 십 단위를 나타내는 접두사 labíng과 서수용 접두사 pang에 연결되는 기수의 첫 철자가 b, p일 경우는 labím과 pam, d, l, r, s, t일 경우는 labín과 pan, 그 외에는 labíng과 pang으로 활용되며, 두 접두사 모두 결합되는 기수의 첫 철자가 모음인 경우 연자부호(-)를 삽입한다.

⊙ 서수에서 ikalawá(두 번째)부터는 ika-2, ika-3, ika-4,…으로 쓰기도 한다.

Pagpapahayag

5-2

Ang pulítikóng iyán ay hindî tapát.
앙 뿔리-띠꽁 이얀 아이 힌디' 따빹
그 정치인은 정직하지 않다.

Hindî mahál ang laruáng iyán, dî ba?
힌디' 마할 앙 라루앙 이얀 디' 바
그 장난감은 비싸지 않아, 안 그래?

Oo, hindî mahál itó.
오-오, 힌디' 마할 이또
응, 이거 비싸지 않아.

Hindî pô malinis ang hardín, anó?
힌디' 뽀' 말리-니스 앙 하르딘 아노
정원이 깨끗하지 않습니다, 안 그렇습니까?

Hindî, malinis iyán.
힌디', 말리니스 얀
아니, 깨끗해.

Si Tom ay hindî kasíndúnong ni Maria.
시 톰 아이 힌디' 까시-ㄴ두-농 니 마리아
톰은 마리아처럼 똑똑하지 못하다.

Magkasíntalíno siláng dalawá.
막까시-ㄴ딸리-노 실랑 달라와
그들 두 사람은 비슷하게 명석하다.

Ang silíd-araláng itó ay pinakamalinis sa páaralán natin.
앙 실릳 아랄랑 이또 아이 삐나까말리-니스 사 빠-아랄란 나-띤
이 교실이 우리 학교에서 가장 깨끗하다.

Mas mura kaysá sa bayad sa taksi ang bayad sa bus.
마스 무-라 까이사 사 바-얃 낭 따-ㅋ시 앙 바-얃 낭 부-스
버스비가 택시비보다 싸다.

Ang ubas na itó ay matamís na matamís.
앙 우-바스 나 이또 아이 마따미스 나 마따미스
이 포도는 매우 달다.

Nápakatandâ na ng aking iná para magtrabaho.
나-빠까딴다 나 낭 아-낑 이나 빠라 막뜨라바-호
나의 어머니는 일하기에 이미 너무 늙으셨다.

Nápakaíngay nilá sa klase.
나-빠까이-ㅇ아이 닐라 사 끌라-세
그들은 수업시간에 너무 시끄럽다.

Magkakasímbágo ang tatlóng bahay.
막까까심바-고 앙 따뜰롱 바-하이
그 세 집은 비슷한 시기에 새로 지은 집들이다.

Pagsasanay

1 아래 보기에서 알맞은 단어를 골라 문장을 완성하세요.

1 ________ pô ________ matangkád ________ Jose?
호세는 키가 크지 않습니까?

2 ________ bahay ________ ________ ay nápakaliít.
저희들의 집은 아주 작습니다.

3 ________ mahál ang ________ ko ________ sa bahay mo.
내 집은 네 집보다 더 비싸다.

4 ________ si Rosa ________ klase ________.
로사가 우리 반에서 가장 부지런하다.

5 ________ ________ Pedro.
페드로 씨는 매우 부지런하다.

6 Si ________ Maria ay masipag na ________.
마리아 여사는 대단히 부지런하다.

7 Hindî ________ ng batang ________ ang batang ________.
저 아이는 그 아이처럼 부지런하지 않다.

8 Ang tatlóng estudyante ay ________.
그 세 학생은 모두 비슷하게 부지런하다.

보기

ⓐ Ang ⓑ ba ⓒ bahay ⓓ Ginoóng. ⓔ Gng. ⓕ Hindî
ⓖ iyán ⓗ iyón ⓘ kasínsípag ⓙ kaysá ⓚ magkakasínsípag
ⓛ Mas ⓜ masipag ⓝ namin ⓞ natin ⓟ Nápakasípag
ⓠ ni ⓡ Pinakamasipag ⓢ pô ⓣ sa ⓤ si

② 아래 문장을 필리핀어로 작문하세요. (2형식 문장)

1 서울은 매우 깨끗한 도시이다.

2 페드로는 군인이 아니야, 안 그래?

3 로사는 마리아보다 키가 더 크다.

4 그 세 아이는 모두 비슷하게 착하다.

5 저 집이 우리 마을에서 가장 아름답다.

6 미국은 한국보다 크다.

7 이 사람은 저 사람보다 더 빨리 달린다.

SEKSYON 06

시간 표현·UM동사

Anóng oras na?

지금 몇 시야?

Usapan

6-1

Anóng oras na? 지금 몇 시야?

Alá-una y medya ng hapon pô ngayón. 지금은 오후 1시 반입니다.

Anóng araw ngayón?/Ngayón ay Linggó. 오늘은 무슨 요일이야?/오늘은 일요일이야.

Anóng petsa ngayón? 오늘은 며칠이냐?

Ngayón ay a-primera ng Setyembre. 오늘은 9월 1일이다.

Anóng buwán ngayón?/Agosto ngayón. 지금은 몇 월이야?/지금은 8월이다.

Iláng taón ka na?(=Anó ang edád mo?) 너는 몇 살이냐?

May labíndalawáng buwán sa isáng taón. 일 년은 12개월이다.

Lumálákad siyá sa tabíng-dagat. 그는 해변을 걷고 있다.

Púpuntá akó sa sinehan mámayáng tanghalì.
나는 오늘 점심 때 극장에 갈 예정이다.

Umakyát sa bundók ang lolo ko kaninang umaga.
할아버지는 오늘 오전에 등산을 하셨다.

Pumasok sa silíd-tulugán ang lola kaní-kanina.
할머니는 조금 전에 침실로 들어가셨다.

Dumatíng siyá sa klase nang alás otso ng umaga.
그는 아침 8시에 교실에 도착했다.

Umalís sa otél nang alá-una ng hapon ang bisita.
그 방문객은 오후 1시에 호텔을 떠났다.

Kumain akó ng saging para sa meryenda. 나는 간식으로 바나나를 먹었다.

Kagabí ay uminóm ng maraming serbesa si Pedro.
어젯밤에 페드로는 맥주를 많이 마셨다.

Bukabularyo

oras 시간
na 지금
ngayón 오늘, 지금
petsa 날짜
buwán 달, 월
medya 반, 중간
tabíng-dagat 해안, 바닷가
sinehan 영화관, 극장
kanina 이전에(오늘 중)
mámayâ 나중에(오늘 중)
tanghalì 정오, 점심 때
lolo 할아버지
silíd-tulugán 침실
lola 할머니
klase 교실, 수업
otél 호텔
hapon 오후
bisita 방문객, 손님
kama 침대
saging 바나나
meryenda 간식
kagabí 어젯밤
serbesa 맥주
makaraán 지나다, 통과하다
bago 이전에, ~하기 전에

mag-alás-singko 5시가 되다

hatinggabí 자정

menos 모자라는, 부족한

minuto 분

taón 해, 년

nang ~할 때, ~일 때

silíd-aralán 교실

medyas 양말

kamakalawá 그저께

samakalawá 모레

hapunan 석식, 저녁식사

gamót 약

agád 즉시

nakabábáta 어린, 손아래인

hipag 아내(남편)의 자매(남매)

nakabábátang hipag 처제, 올케

tila 아마, 어쩌면

patungo ~로 가는

at 그리고

tren 기차

alak 포도주, 술

bar 술집

Balarila

1 시간 읽기

시간	따갈로그어	스페인어
1:00 a.m.	ika-isa ng umaga	alá-una ng umaga
1:10 a.m.	-ika-isa at sampúng minuto ng umaga -sampúng minuto makaraán ang ika-isa ng umaga	alá-una diyes ng umaga
2:20 a.m.	ikalawá at dalawampúng minuto ng umaga	alás-dos beynte ng umaga
3:30 a.m.	ikatló at kalahatì ng umaga	alás-tres y medya ng umaga
4:40 a.m.	ikaapat at apatnapúng minuto ng umaga	alás-kuwatro kuwarenta ng umaga
5:50 a.m.	-ikalimá at limampúng minuto ng umaga -sampúng minuto bago mag-ikalimá ng umaga	-alás-singko singkuwenta ng umaga -menos diyes bago mag-alás-singko ng umaga
6:05 a.m.	ikaanim at limáng minuto ng umaga	alás-saís singko ng umaga
11:25 a.m.	ikalabíng-isá at dalawampú't limáng minuto ng umaga	alás-onse beynte singko ng umaga
12:00 noon	ikalabíndalawá ng tanghalì	alás-dose ng tanghalì
1:35 p.m.	ika-isa at tatlumpú't limáng minuto ng hapon	alá-una treynta'y singko ng hapon
6:00 p.m.	ika-anim ng gabí	alás-saís ng gabí
7:55 p.m.	-ikapitó at limámpu't limáng minuto ng gabí -limáng minuto bago mag-ikawaló ng gabí	-alás-siyete sinkuwenta'y singko ng gabí -menos singko bago mag-alás-otso ng gabí
12:00 p.m.	ikalabíndalawá ng hatinggabí	alás-dose ng hatinggabí

⊙ 스페인어 수사를 사용하는 시간 표현이 단순한 관계로 더 자주 사용된다.

⊙ 따갈로그어: '~시'는 'ika~'서수를 사용하고, '~분'은 기수를 사용한다.

⊙ 스페인어: '~시'는 'alá(또는 alás)–기수'를 사용하고, '~분'은 기수를 그대로 사용한다.

2 날짜와 요일 표기

날짜는 '일, 월, 년'의 순서로 표기한다.

(1) 일

'ika~' 서수 또는 'a-스페인어 기수'를 사용한다.

⊙ a-스페인어 기수: 1일 → a-primero, 2일 → a-segunda, 3일 → a-tres(3일 이후부터는 스페인어 기수를 그대로 사용)

(2) 월

Enero	1월	Pebrero	2월	Marso	3월
Abríl	4월	Mayo	5월	Hunyo	6월
Hulyo	7월	Agosto	8월	Setyembre	9월
Oktobre	10월	Nobyembre	11월	Disyembre	12월

2014년 1월 1일
una(a-primero) ng Enero, dalawáng libo't labíng-apat na taón
→ araw ng Bagong Taón, dalawáng libo't labíng-apat na taón

2001년 7월 31일
ikatatlumpú't isá(a-treinta'y uno) ng Hulyo, dalawáng libo't isáng taón
(= hulíng araw ng Hulyo, dalawáng libo't isáng taón)

1956년 9월 17일
ikalabímpitó(a-disisiyete) ng Setyembre, sanlibo't siyám na raán limampú't anim na taón

(3) 요일

Lunes	월요일	Martes	화요일	Miyérkulés	수요일
Huwebes	목요일	Biyernes	금요일	Sábado	토요일
Linggó	일요일	linggó	주, 1주간		

3 sa 전치사

영어의 전치사 종류 중 in, to, from, by, on, into, through, at 등의 전치사를 필리핀어는 sa 전치사 하나로 표현한다.

4 행위자중심 UM동사

필리핀어 동사는 문장 내에서 행위자가 주격이 되는 능동태 문장의 행위자중심동사와 행위자가 조격이 되는 수동태문장의 비행위자중심동사로 크게 나누어진다. 행위자중심 동사 중 첫 번째로 UM접사를 사용하는 동사(UM동사)에 대해 공부해 보자.

(1) UM동사의 특성

1) UM동사가 사용된 문장은 행위자가 주어(주격대명사, 'si+인명' 또는 'ang+보통명사/지명')가 되는 능동태문장이다.

2) UM동사는 목적어가 필요 없는 자동사와 목적어가 필요한 타동사가 있다.

3) UM접사는 어근의 첫 문자가 모음일 경우에는 접두사가 되지만, 자음일 경우에는 첫 자음문자 다음에 삽입하는 삽입사가 된다.

어근	UM동사	발음	뜻
alís	umalís	우말리스	떠나다
iyák	umiyák	우미약	울다
uwî	umuwî	우무위'	집으로 돌아가다
bilí	bumilí	부밀리	사다
kuha	kumuha	꾸무-하	얻다, 구하다

(2) 활용 동사

어근	부정사/명령/과거	현재	미래	뜻
alís	umalís [우말리스]	umáalís	áalís	떠나다
awit	umawit [우마-윗]	umáawit	áawit	노래하다
balík	bumalík [부말릭]	bumábalík	bábalík	돌아가다
basa	bumasa [부마-사]	bumábása	bábása	읽다
bilí	bumilí [부밀리]	bumíbilí	bíbilí	사다
kain	kumain [꾸마-인]	kumákáin	kákáin	먹다
kantá	kumantá [꾸만따]	kumákantá	kákantá	노래하다
kuha	kumuha [꾸무-하]	kumúkúha	kúkúha	얻다
datíng	dumatíng [두마띵]	dumáratíng	dáratíng	도착하다
gisíng	gumisíng [구미싱]	gumígisíng	gígisíng	잠에서 깨다
hingî	humingî [후밍이']	humíhingî	híhingî	요구하다
inóm	uminóm [우미놈]	umíinóm	íinóm	마시다
isip	umisip [우미-십]	umíisip	íisip	생각하다
iyák	umiyák [우미약]	umíiyák	íiyák	울다
lakad	lumakad [루마-깓]	lumálákad	lálákad	걷다
pasok	pumasok [뿌마-속]	pumápások	pápások	들어가다, 출근하다
puntá	pumuntá [뿌문따]	pumúpuntá	púpuntá	가다
sakáy	sumakáy [수마까이]	sumásakáy	sásakáy	타다
takbó	tumakbó [뚜막보]	tumátakbó	tátakbó	달리다
tawa	tumawa [뚜마-와]	tumátáwa	tátáwa	웃다
tawag	tumawag [뚜마-왁]	tumátáwag	tátáwag	부르다
ulán	umulán [우물란]	umúulán	úulán	비가 오다
upô	umupô [우무뽀']	umúupô	úupô	앉다
uwî	umuwî [우무위]	umúuwî	úuwî	집으로 돌아가다

*어근이 'd'인 경우, 앞의 모음에 의한 자음동화 현상으로 'r'로 변한다.

1) 부정사형, 명령형, 과거형이 동일하다.
2) 현재형 동사는 현재 진행 상태 또는 습관적 반복 행동을 표현할 때 사용한다. 필리핀어 동사는 현재진행형이 따로 없다.
3) 현재형과 미래형에서 반복되는 음절에 추가적으로 악센트를 두어 강하고 길게 발음한다.
4) 위에 열거한 UM동사 종류는 대표적인 일부이다. 또한, 이후로도 본 교재에서 예로 열거하는 모든 종류별 접사의 동사들은 대표적인 일부라는 것을 유의하기 바란다.

Pagpapahayag

6-2

Gígisíng akó nang alás-singko y medya ng umaga. 나는 아침 5시 반에 일어날 예정이다.

Umawit kamí sa silíd-aralán. 우리는 교실에서 노래하였다.

Anóng araw bukas? 내일은 무슨 요일이야?

Miyérkulés bukas. 내일은 수요일이야.

Anóng petsa kahapon? 어제는 며칠이었어?

A-onse ng Hulyo kahapon. 어제는 7월 11일이었어.

Bumilí akó ng medyas sa palengke kamakalawá. 그저께 나는 시장에서 양말을 샀다.

Úuwî pô kamí samakalawá. 우리는 모레 귀가할 예정입니다.

Kumákáin siyá ng mansanas. 그는 사과를 먹고 있는 중이다.

Kumain tayo ng hapunan nang alás-saís. 6시에 저녁식사를 먹자.

Uminóm ka ng gamót ngayón. 너는 지금 약을 먹어라.

Bumalík kayó agád sa bahay. 너희들은 즉시 집으로 돌아가거라.

Púpuntá akó sa Cebú sakáy sa barko. 나는 배를 타고 세부로 갈 예정이다.

Tila úulán bukas. 내일은 아마 비가 올 것 같다.

Sumakáy tayo sa bus na patungo sa Sorsogon. 소르소곤행 버스를 타자.

Dáratíng dito nang alás-nuwebe ng gabí ang nakabábátang hipag. 저녁 9시에 처제가 여기 도착할 예정이다.

Paano akó púpuntá diyán? 나는 거기로 어떻게 가는 거야?

Dáratíng ka dito sakáy ng eruplano. 너는 여기로 비행기 타고 올 것이다.

Pagsasanay

1 아래 보기에서 알맞은 단어를 골라 문장을 완성하세요.

1 ________ akó ________ saging mámayáng ________.
나는 오늘 오후에 시장에서 바나나를 살 예정이다.

2 ________ ay ________ at a-beinte singko ng ________.
오늘은 금요일이고 6월 25일이다.

3 ________ pô ________ sa Pilipinas ________.
저는 그저께 필리핀에 도착하였습니다.

4 ________ ka ________ ________ Korea?
너는 언제 한국을 떠날 예정이냐?

5 Sumakáy ________ sa treng ________ sa Manila ________.
여기서 마닐라행 기차를 타자.

6 Uminóm ________ ________ ng alak sa bar ________.
너희들은 어제 바에서 술을 마셨느냐?

보기

ⓐ áalís ⓑ akó ⓒ ba ⓓ Bíbilí ⓔ Biyernes ⓕ rito
ⓖ Dumatíng ⓗ hapon ⓘ Hunyo ⓙ kahapon ⓚ Kailán
ⓛ kamakalawá ⓜ kayó ⓝ ng ⓞ Ngayón ⓟ patungo
ⓠ sa ⓡ tayo

2 아래 문장을 필리핀어로 작문하세요. (제시된 용어를 따를 것)

1 나는 아침 4시 반에 잠에서 깨어났다. (2형식 문장, 따갈로그어 서수)

2 지금은 오후 3시 15분이다. (1형식 문장, 스페인어 기수)

3 저녁 때, 우리 시원한 맥주를 마시자.

4 오늘은 2016년 8월 5일이다. (1형식 문장, a-스페인어 기수)

5 아버지의 생신은 1945년 8월 15일이다. (1형식 문장, a-스페인어 기수)

SEKSYON 07

MAG동사·명사적 용법

나는 따갈로그어를 공부하고 있다.

Nag-ááral akó ng Tagalog.

Usapan

7-1

Nag-ááral akó ng Tagalog. 나는 따갈로그어를 공부하고 있다.

Maglílínis ka ba ng kuwarto mo sa Linggó? 요번 일요일에 너의 방을 청소할 예정이냐?

Nagtenis pô kamí kahapon. 저희들은 어제 테니스를 했습니다.

Hulí na! Magtaksi tayo. 늦었다. 택시를 타자.

Nagsásalitâ silá ng Inglés. 그들은 영어로 대화하고 있다.

Magsúsúlat ng taláarawán mulâ sa súsunód na buwán ang anák ko. 나의 아이는 다음 달부터 일기를 쓸 예정이다.

Marunong magsayáw ng balse si Rosa. 로사는 왈츠 춤을 알고 있다.(왈츠를 출 수 있다)

Nagsimulâ siyáng mag-exercise buhat noóng isáng buwán. 그는 지난달부터 운동을 시작했다.

Nag-áantók ka na ba? 너는 지금 졸려?

Mainit pa rin ba diyán? 거기는 아직도 역시 더워?

Ang matandâ ay lalong masipag kaysá sa batà. 나이든 사람은 젊은 사람보다 더 부지런하다.

Sa mgá nag-ááral ng wikang Tagalog ay kailangan ang sipag na marami. 따갈로그어를 공부하는 사람들에게는 많은 노력이 필요하다.

Mas magandá ang nasa bahay kaysá rito. 집에 있는 것(물건)이 이것 보다 더 좋다.

Náhúli ang mgá magnanakaw sa bayan kagabí. 어젯밤에 시내에서 도둑들이 잡혔다.

Bukabularyo

kuwarto 방

adobo 아도브(음식 이름)

náhulí 늦은, 지체된, 지각한

Inglés 영어

marunong 알고 있는, 현명한

balse 왈츠

taláarawán 일기

buhat ~부터

wikà 언어

kailangan 필요한, 해야하는

sipag 근면, 열심

nasa ~에 있는

pinyá 파인애플

magmaneho 운전하다

náhúli 잡혔다 (máhúli의 과거형)

magnanakaw 도둑

bayan 시내, 마을, 국가

maalam 알고 있는, 인지하는

kahón 상자

magsasaká 농부

puwede 할 수 있는, 가능한

probinsya 지방, 시골, 주(州)

maís 옥수수

maáarì 할 수 있는, 가능한
pansít 잡채, 국수
ngayón din 지금 즉시
kasangkapan 가구, 재료, 공구
loób 안, 내부
bodega 창고
masayá 행복한, 즐거운
regalo 선물
utang 빚, 부채
bangko 은행
magpahingá 쉬다, 휴식을 취하다
bangkô 벤치, 긴 의자
sandalî 잠깐
araw-araw 매일

Balarila

1 행위자중심 MAG동사

MAG접두사에 의한 MAG동사는 UM동사와 같은 행위자중심동사로서 활용도가 매우 높다.

(1) MAG동사의 특성

1) UM접사는 어근의 첫 문자가 자음 또는 모음 여부에 따라 접두사 또는 삽입사로 혼용되었지만, MAG접사는 접두사로만 사용된다. 그 대신 어근의 첫 문자가 모음일 경우는 연자부호(-)를 삽입하고, 자음일 경우는 사용하지 않는다.

2) MAG동사는 목적어를 필요로 하는 타동사로 활용되는 경우가 대부분이지만 자동사의 의미를 갖는 경우도 있다.

3) 외래어를 필리핀어 동사로 활용할 때, MAG접두사를 사용하며, 연자부호를 둔다.
   예 mag-deliver 배달하다, 인도하다
   mag-shopping 쇼핑을 하다

4) MAG접두사와 명사를 결합하여, 그 명사에 부합되는 의미의 동사로 활용한다.
   예 mag-Tagalog 따갈로그어로 말하다
   magtaksi 택시를 타다
   maglosyon 로션을 바르다

(2) 활용 동사

어근	부정사/명령	과거	현재	미래	뜻
alís	mag-alís	nag-alís	nag-áalís	mag-áalís	옮기다
antók	mag-antók	nag-antók	nag-áantók	mag-áantók	졸리다
aral	mag-aral	nag-áral	nag-ááral	mag-ááral	공부하다
away	mag-away	nag-away	nag-ááway	mag-ááway	다투다
bago	mag-bago	nag-bago	nag-bábágo	mag-bábágo	변하다
basa	magbasa	nagbasa	nagbábása	magbábása	(자세히)읽다
bayad	magbayad	nagbayad	nagbábáyad	magbábáyad	지불하다
benta	magbenta	nagbenta	nagébénta	magbébénta	팔다
dasál	magdasál	nagdasál	nagdárasál	magdárasál	기도하다
hanáp	maghanáp	naghanáp	nagháhanáp	magháhanáp	찾다
hintáy	maghintáy	naghintáy	naghíhintáy	maghíhintáy	기다리다
larô	maglarô	naglarô	naglálarô	maglálarô	놀이를 하다
linis	maglinis	naglinis	naglílínis	maglílínis	청소하다
lutò	maglutò	naglutò	naglúlutò	maglúlutò	요리하다
nakaw	magnakaw	nagnakaw	nagnánákaw	magnánákaw	훔치다
salitâ	magsalitâ	nagsalitâ	nagsásalitâ	magsásalitâ	말하다
sayáw	magsayáw	nagsayáw	nagsásayáw	magsásayáw	춤추다
simulâ	magsimulâ	nagsimulâ	nagsísimulâ	magsísimulâ	시작하다
sulat	magsulat	nagsulat	nagsúsúlat	magsúsúlat	쓰다
taním	magtaním	nagtaním	nagtátaním	magtátaním	심다
tanóng	magtanóng	nagtanóng	nagtátanóng	magtátanóng	묻다
usap	mag-usap	nag-usap	nag-úúsap	mag-úúsap	대화하다

1) 부정사형과 명령형이 동일하다.
2) 현재형과 미래형에서 반복되는 음절에 추가적으로 악센트를 두어 강하고 길게 발음한다.
3) MAG+어근 첫음절+어근: MAG동사의 미래형으로 보이는 일부 단어는 어근에 해당하는 직업, 상인, 습관적 행위자를 의미한다. MAG동사 미래형과의 차이점은 반복된 어근의 첫음절에 악센트가 없다.

magsasaká 농부　　magdaramít 옷상인
magbibigás 쌀상인　　magdarayà 사기꾼

2 연결사와 의문조사

(1) 관계대명사로 사용되는 연결사 na(-ng)

1) marunong(~를 알고 있다), nagsimulâ(~를 시작하다), puwede(할 수 있다)와 같은 서술어가 있는 주절이 연결사 na(-ng)으로 종속절과 연결되는 경우, 종속절의 동사는 부정사형이다.

2) 2형식문장에서 행위자가 대명사일 경우는 서술어 다음에 연결사와 함께 위치하고, 보통명사나 인명/지명일 경우는 문장의 끝에 위치하며, 주절의 서술어 마지막 철자가 n을 제외한 자음일 경우 연결사는 생략된다.

(2) 의문조사 ba가 있는 2형식문장에서 단음절 대명사(ka, mo, ko)와 단음절 전치부사(na, pa, pô, ngâ, daw/raw, din/rin)는 ba 앞에 위치한다.

(3) 연결사 ay가 있는 문장에서, 주격의 대명사나 명사가 문장의 첫머리에 있으면 1형식의 문어체를 만들기 위해 도치된 문장이지만, 간접목적격이나 장소, 시간 등이 ay 앞에 위치하면 단순히 해당되는 단어나 구의 내용을 강조하기 위한 방법이다.

예문 Mabaít siyá sa kaibigan sa opisina kahapon.
그는 어제 사무실에서 친구에게 친절히 대했다.

a) Siyá ay mabaít sa kaibigan sa opisina kahapon.(주어 도치: 1형식 문장)
b) Sa kaibigan ay mabaít siyá sa opisina kahapon.(행위방향 도치)
c) Sa opisina ay mabaít siyá sa kaibigan kahapon.(장소 도치)
d) Kahapon ay mabaít siyá sa kaibigan sa opisina.(시간 도치)

3 필리핀어의 명사적 용법

필리핀어의 편리한 특성 중 하나가 어떠한 품사의 단어와 句(구)라도 관사(ang, ng)나 전치사(sa)를 앞에 붙이면 명사화 되어, 문장 내에서 주격, 소유격, 조격, 목적격으로 사용 가능하다는 것이다. 동사의 경우 모든 시제를 명사화 할 수 있고, 형용사는 원급, 비교급, 최상급 모두 명사화 될 수 있다.

(1) 동사의 명사적 용법(예): kumákantá(노래하고 있다)

→ ang kumákantá: 노래하고 있는 사람이/은(주격)

→ ng kumákantá: 노래하고 있는 사람을(직접목적격), 노래하고 있는 사람의(소유격), 노래하고 있는 사람에 의해(조격)

→ sa kumákantá: 노래하고 있는 사람에게(간접목적격)

→ para sa kumákantá: 노래하고 있는 사람을 위해(간접목적격)

(2) 형용사의 명사적 용법(예): matandâ(늙은, 나이든)

→ ang matandâ: 그 노인이/은

→ ng matandâ: 그 노인을, 그 노인의, 그 노인에 의해

→ sa matandâ: 그 노인에게

→ para sa matandâ: 그 노인을 위해

(3) 형용사구의 명사적 용법(예): nasa kahón ng mesa: 책상 서랍 속에 있는

→ ang nasa kahón ng mesa: 책상서랍 속에 있는 것은

→ ng nasa kahón ng mesa: 책상서랍 속에 있는 것을

4 UM동사와 MAG동사의 차이점

대체적으로 UM동사는 구체적 행위대상이 없는 단순한 자동사의 의미를 가지고 있고, MAG동사는 의지가 포함된 구체적인 의미, 행위대상을 필요로 하는 타동사의 의미, 비정상적인 의미, 상호간의 행위, 또는 반대 행위 등의 의미를 갖는다.

예

umalís: 떠나다, 출발하다	mag-alís: 옮기다
bumasa: 읽다	magbasa: 시간을 갖고 자세히 읽다
humanap: 찾다	maghanap: 철저히 찾아내다
tumayô: 일어서다	magtayô: 세우다, 건축하다
lumabás: 나가다	maglabás: 꺼내다, 내놓다
umuwî: 돌아가다, 귀가하다	mag-uwî : ~을 가지고 돌아가다
sumama: 함께 가다	magsama: 통합시키다
bumilí: 사다	magbilí: 팔다

예문 Ang bumilí ay kasalungát na salitâ ng magbilí.
'사다'는 '팔다'의 반대어이다.

TIP
*raw와 rin은 앞에 위치한 단어의 마지막 철자가 모음일 경우 발생하는 자음동화현상이다.

Pagpapahayag

7-2

Ang mgá magsasaká sa probinsyang itó ay nagtátaním ng maís.
이곳 지방의 농부들은 옥수수를 심고 있다.

Nagháhanáp akó ng pinyá sa palengke.
나는 시장에서 파인애플을 찾고 있는 중이다.

Magbábáyad siyá ng utang sa bangko samakalawá.
그는 모레 은행 빚을 갚을 것이다.

Puwede pô ba akóng magtanóng? 질문을 드려도 괜찮겠습니까?

Maáarì ka bang maglutò ng pansít para sa atin?
우리에게 잡채를 요리해 줄 수 있겠어?

Magpahingá tayo sa bangkô sandalî. 벤치에서 잠깐 쉬자.

Maglinis ka ng kuwarto mo ngayón din. 지금 즉시 너의 방을 청소해라.

Maglarô kayó sa hardín. 너희들은 정원에서 놀아라.

Nagbasa ng taláarawán ko ang aking amá.
아버지는 나의 일기를 자세히 읽으셨다.

Maalam siyáng magtenis. 그는 테니스 하기를 알고 있다.(테니스를 할 수 있다)

Masayáng maglarô ng golf si Daniel. 다니엘은 골프를 하게 되어 행복하다.

Kontíng pera ang nasa kahón ng mesa. 책상 서랍에 있는 것은 약간의 돈이다.

Mgá kasangkapan ng bahay ang nasa loób ng bodega.
창고 안에 있는 것은 가정용품들이다.

Ang masipag ay hindî mahirap. 부지런한 사람은 가난하지 않다.

Sa mgá magagandá, ang bulaklák ay regalong mabuti.
아름다운 여자들에게 꽃은 좋은 선물이다.

Pagsasanay

1 아래 보기에서 알맞은 단어를 골라 문장을 완성하세요.

1 ______ akó ______ Tagalog ______.
나는 어젯밤에 따갈로그어를 공부했다.

2 ______ wikà ______ siyá ______?
그는 지금 무슨 언어를 공부하고 있느냐?

3 Nagsimulâ akóng ______ ng ______ Koreano ______.
나는 어제 한국어를 공부하기 시작했다.

4 ______ pô ba ______ ______ ng pagkain ______ sa ______ batà?
당신은 아이들을 위해 음식을 요리하실 수 있습니까?

5 Magtaním ______ ng bulaklák ______ hapon.
오늘 오후에 꽃을 심자.

6 ______ ba kayóng ______ ng Tagalog?
너희들은 따갈로그어 말하기를 아느냐(따갈로그어를 말할 수 있느냐?)

보기

ⓐ Anóng ⓑ kagabí ⓒ kahapon ⓓ kayóng ⓔ mag-lutò
ⓕ mag-aral ⓖ magsalitâ ⓗ mgá ⓘ mámayáng ⓙ Marunong
ⓚ nag-áaral ⓛ Nag-aral ⓜ ng ⓝ ngayón ⓞ tayo
ⓟ para ⓠ Puwede ⓡ wikang

2 아래 문장을 필리핀어로 작문하세요. (2형식문장, 제시된 단어가 있으면 사용할 것.)

1 당신은 따갈로그어를 하실 수 있습니까? (Maáari)

2 그는 매일 골프를 해서 행복하다.

3 당신은 이미 정원에 꽃을 심으셨습니까?

4 나는 오늘 오후에 차고를 청소할 예정이다.

SEKSYON

08 Kinain ko ang tinapay.

인칭대명사·IN동사·문장체계

나는 빵을 먹었다

Usapan

8-1

Kinain ko ang tinapay sa tanghalian. 나는 점심식사에 빵을 먹었다.

Lúlutúin ng kusinero ang gulay at karné para sa panauhin. 요리사는 고객을 위해 그 고기와 채소를 요리할 것이다.

Ang súsulátin ng gurò ay kuwento para sa mgá batà. 선생님에 의해 쓰여질 것은 아이들을 위한 이야기다.

Patayín mo ang ilaw ng pintuan. 현관의 전등을 꺼라.

Binasa pô ba ninyó ang sulat ko? 저의 편지를 읽으셨습니까?

Kailán mo ba sinulat ang kuwento? 너는 그 이야기를 언제 썼느냐?

Anó ang ginágawâ mo ngayón? 너는 지금 뭐하고 있는 중이야?

Ininóm ng pasyente ang gamót na iyán. 환자는 그 약을 마셨다.

Bíbilhín ko ang bigás bukas ng umaga. 나는 내일 아침에 쌀을 사겠다.

Súsundúin kitá sa alás-singko ng hapon. 나는 오후 5시에 너를 데리러 오겠다.

Inííbig kitá. 나는 너를 사랑한다.

Ang babae na iyón ang magandá. 아름다운 여자가 그 여자다.

Ang mgá batà ang kumákáin. 먹고 있는 사람들은 그 아이들이다.

Sásabíhin ko sa inyó kung kanino itó. 나는 이것이 누구의 것인지 너희들에게 말하겠다.

Tayo na kung saán ka nakatirá. 너가 살고 있는 곳으로 가자.

Nagtanóng akó sa tindera kung magkano iyán. 나는 점원에게 그것이 얼마인지 질문했다.

Bukabularyo

tinapay 빵
tanghalian 중식, 점심식사
kusinero 요리사(남자)
gulay 채소, 야채
karné 육류 고기
panauhin 고객, 손님
kaya 할 수 있다
baka 소
karnéng baka 쇠고기
ilaw 빛, 등
pintuan 현관
sulat 편지
kuwento 이야기, 스토리
pasyente 환자
gamót 약
bigás 쌀
kitá 이중 인칭대명사(너는 나에 의해)
Tayo na. 가자.(Let's go)
kung 만약
magtanóng 질문하다
tindera 점원(여자)
pasukán 입구
istasyón 역
liham 편지
galing sa ~ ~부터

paá 발

paglakad 걷기, 보행

totoó 정말, 진실한, 사실인

sabi 말, 언급

magkámalî 잘못하다, 실수하다

tantiyá 예측, 계산

likód 뒤, 뒷면

likód-bahay 뒤뜰

paksíw 필리핀 음식 (수프의 일종)

lalangín 창조되다

Diyós 신, 하느님

sandaigdigan 우주, 세상

Balarila

1 행위대상중심 IN(HIN)동사

(1) 일반

1) 행위자중심이 아닌 모든 비행위자중심동사가 사용된 문장은 수동태문장이라는 것을 의미하므로 사용되는 동사도 당연히 수동사이다.

2) 비행위자중심동사가 사용되는 수동태문장의 실질적 행위주체는 조격이다.

3) 비행위자중심동사 중 활용빈도가 가장 높은 IN(HIN)접사는 행위대상중심의 수동사를 만든다.

4) 필리핀인들은 습관적으로 비행위자를 중심으로 하는 수동태문장을 선호한다. 따라서 수동태문장이라도 우리는 그냥 능동태문장으로 해석하고 이해하는 것이 편한 경우가 대부분이다.

(2) 조격 인칭대명사

1) 단수

구분	1인칭: akó	2인칭: ikáw/ka	3인칭: siyá
전부수식	akin: 나에 의해	iyó: 너에 의해	kanyá: 그에 의해
후부수식	ko	mo	niyá

2) 복수

구분	1인칭		2인칭: kayó	3인칭: silá
	kamí	tayo		
전부수식	amin: 우리에 의해	atin	inyó: 너희들에 의해	kanilá: 그들에 의해
후부수식	namin	natin	ninyó	nilá

⊙ 전부수식이란 조격 인칭대명사가 수동사의 앞에 위치하는 경우이고, 후부수식이란 수동사의 뒤에 위치하는 경우이다.

⊙ 단수 2인칭(ikáw/ka: 너)에 대한 존칭은 kayó이므로 조격도 inyó, ninyó이다.

(3) 조격 관사

1) 인명: ni(복수는 niná)

2) 보통명사 및 지명: ng(복수: ng mgá)

(4) IN(HIN)동사(예)

어근	부정사/명령	과거	현재	미래	뜻
birò	biruin	binirò	biníbirò	bíbirúin	놀림을 당하다
kain	kainin	kinain	kinákáin	kákaínin	먹히다
dakíp(불)	dakpín	dinakíp	dinádakíp	dádakpín	잡히다
dalá(불)	dalhín	dinalá	dinádalá	dádalhín	운반되다, 데려가다
gamót	gamutín	ginamót	ginágamót	gágamutín	치료되다
gawâ(불)	gawín	ginawâ	ginágawâ	gágawín	만들어지다
gamít	gamitín	ginamít	ginágamít	gágamitín	사용되다
gising	gisingin	ginising	ginígísing	gígisíngin	깨워지다
ibig	ibigin	inibig	iníibig	íibígin	사랑받다
inóm	inumín	ininóm	iníinóm	íinumín	마셔지다
larô(불)	laruín	nilalô	nilálarô	lálaruín	놀려지다
linis(불)	linisin	nilinis	nilílínis	lílinísin	청소되다
lutò(불)	lutuin	nilutò	nilúlutò	lúlutúin	요리되다
palò	paluin	pinalò	pinapalò	pápalúin	매를 맞다
pilit	pilitin	pinilit	pinípílit	pípilítin	노력하다
puri	purihin	pinuri	pinúpúri	púpuríhin	칭찬받다
sabi	sabihin	sinabi	sinásábi	sásabíhin	말하여지다
sundô(불)	sundúin	sinundô	sinúsundô	súsundúin	데려와지다
sunód(불)	sundín	sinunód	sinúsunód	súsundín	추종되다, 따르다
tanóng	tanungín	tinanóng	tinátanóng	tátanúngin	질문을 받다
tawag	tawagin	tinawag	tinátáwag	tátawágin	부름을 받다
utang	utangin	inutang	inúútang	úutángin	(돈)차용되다
walís(불)	walisín	niwalís	niwáwalís	wáwalisín	쓸리다

1) (불): in접사의 활용법에서 불규칙하게 변하는 어근
2) IN과 HIN접미사의 차이점
   – IN접미사: 어근의 마지막 문자가 자음이거나 성문폐쇄 악센트의 모음일 경우
   – HIN접미사: 어근의 마지막 문자가 성문폐쇄 악센트가 아닌 모음일 경우
3) 자음으로 시작하는 어근은 과거와 현재형에서 IN을 삽입사로 사용하지만 l, w, y 문자로 시작하는 어근은 IN을 NI로 변환하여 접두사로 사용한다.(linis, walís, yarì 등)

2 이중 인칭대명사: kitá

따갈로그어의 특이한 표현으로서 자주 쓰이는 단어 중 하나가 단수 1인칭 조격(ko)과 단수 2인칭 주격(ikáw/ka)을 함께 포함한 kitá라는 이중 인칭대명사이다. 영어로 표현한다면 'you … by me.(너는 나에 의해 ~되다)'이며, 수동태 문장으로만 사용될 수 있다.

예 Híhintayín **kitá** sa pasukán ng istasyón ng tren.
나는 기차역 입구에서 너를 기다리겠다.

3 한정형 문장

1형식의 문장에서 도치사 ay 대신 주격관사 ang을 사용하게 되면 주어를 한정적으로 서술하거나 강조하기 위한 문장으로서 통상적인 회화체용 문장이다.

예 Siná Tom at Mary **ang** mgá batà.
그 아이들이 바로 톰과 메리이다.

4 간접의문문 만들기

(1) 의문사가 있는 의문문

의문사가 있는 의문문을 간접의문문으로 만들 경우는 종속접속사 kung을 의문사와 결합하여 종속절을 만든다.

예 Anó → **kung** anó　　Sino → **kung** sino
Kailán → **kung** kailán　　Paano → **kung** paano
Nagtanóng akó sa kanyá kung kailán dáratíng ang bus.
나는 그에게 버스가 언제 도착하는지 질문했다.

(2) 의문사가 없는 의문문

의문조사 ba를 생략하고 종속접속사 kung을 사용하여 종속절을 만든다.

Nagtanóng siyá **kung** estudyante akó. 그는 내가 학생인지 물었다.
Sabihin mo **kung** siyá ay pulís o hindî. 그 사람은 경찰인지 아닌지 말해라.

5 kung의 기타 용법

(1) 가정, 조건의 종속접속사

Kung akó ikáw, bíbilhín ko ang bahay na iyán.
내가 너라면, 나는 그 집을 사겠다.
Áalís akó **kung** sásáma ka. 너가 함께 간다면 나는 출발하겠다.
Kung umulán, hindî akó áalís. 만약 비가 온다면, 나는 떠나지 않겠다.

⊙ 단순한 불확실성을 가정할 경우, 종속절에는 동사의 부정사형을 활용한다.

(2) 전치사: ~동안, ~에(시점)

kung gabí 밤에
kung hapon 오후 동안
kung araw 낮 동안

6 성별이 구분되는 명사

외래어로 사용되고 있는 스페인어 명사는 단어의 마지막 철자로 남녀의 성별을 구분한다.

변호사	abogado(남)	↔	abogada(여)
미국인	Amerikano(남)	↔	Amerikana(여)
미망인	biyudo(홀아비)	↔	biyuda(과부)
한국인	Koreano(남)	↔	Koreana(여)
의사	doktór(남)	↔	doktora(여)
교수	propesór(남)	↔	propesora(여)
필리핀 사람	Pilipino(남)	↔	Pilipina(여)
점원	tindero(남)	↔	tindera(여)
요리사	kusinero(남)	↔	kusinera(여)

7 인칭대명사 종합정리

(1) 단수

구분		1인칭	2인칭	3인칭
주격		akó: 나	Ikáw/ka: 너	siyá: 그 사람
소유격	전부수식	akin: 나의	iyó: 너의	kanyá: 그의
	후부수식	ko: 나의	mo: 너의	niyá: 그의
조격	전부수식	akin: 나에 의해	iyó: 너에 의해	kanyá: 그에 의해
	후부수식	ko: 나에 의해	mo: 너에 의해	niyá: 그에 의해
목적격 (간접)	sa ~: ~에게	sa akin: 나에게	sa iyó: 너에게	sa kanyá: 그 에게
	para sa~: ~를 위해	para sa akin: 나를 위해	para sa iyó: 너를 위해	para sa kanyá: 그를 위해

(2) 복수

구분		1인칭		2인칭	3인칭
주격		tayo: 우리	kamí: 우리	kayó: 너희들	silá: 그들
소유격	전부수식	atin: 우리들의	amin: 우리들의	inyó: 너희들의	kanilá: 그들의
	후부수식	natin: 우리들의	namin: 우리들의	ninyó: 너희들의	nilá: 그들의
조격	전부수식	atin: 우리들에 의해	amin: 우리들에 의해	inyó: 너희들에 의해	kanilá: 그들에 의해
	후부수식	natin: 우리들에 의해	namin: 우리들에 의해	ninyó: 너희들에 의해	nilá: 그들에 의해
목적격 (간접)	sa ~	sa atin: 우리에게	sa amin: 우리에게	sa inyó: 너희들에게	sa kanilá: 그들에게
	para sa ~	para sa atin: 우리를 위해	para sa amin: 우리를 위해	para sa inyó: 너희들을 위해	para sa kanilá: 그들을 위해

8 문장체계 정리(2형식 문장)

일상생활에 주로 쓰이는 2형식 문장을 능동태 문장과 수동태 문장으로 구분하여 주격, 조격, 목적격이 각각 대명사, 보통명사(지명 포함), 인명일 경우의 문장체계를 공부하고자 한다.

(1) 능동태 문장

⊙ 능동태 문장은 어떠한 경우에도 실질적 행위자가 조격은 사용될 수 없다.
⊙ 인칭대명사가 행위대상이 될 경우, 간접목적격 형태로만 사용될 수 있다.

1) 행위대상(목적격)은 보통명사(또는 인명), 행위자(주격)는 대명사: 능동사+행위자(주격대명사)+행위대상(ng 보통명사)
Kumain akó ng pansít. 나는 잡채를 먹었다.

2) 행위대상도 보통명사, 행위자도 보통명사(또는 인명): 행위대상(ng 보통명사)과 행위자(ang 보통명사, si 인명)는 순서에 무관.
Kumain ng isdâ ang aso. (=Kumain ang aso ng isdâ.) 개가 생선을 먹었다.

3) 행위대상도 대명사(간접목적격), 행위자(주격)도 대명사: 능동사+행위자(주격대명사)+행위대상(간접목적격)
Umíibig akó sa kanyá. 나는 그를 사랑한다.

4) 행위대상은 대명사(간접목적격), 행위자(주격)는 보통명사(또는 인명): 순서에 무관
Umíibig si Juan sa kanyá. (=Umíibig sa kanyá si Juan.) 후안은 그를 사랑한다.

(2) 수동태 문장

⊙ 수동태 문장에서는 조격이 실질적 행위자이고 비행위자(행위대상, 수혜자 등)가 주격이 된다.

⊙ 수동태에서의 문장체계는 비행위자 종류에 따라 추가적인 분류가 가능하다. 아래의 설명은 가장 단순한 기본형임을 참고 바란다.

1) 행위자(조격), 행위대상(주격) 모두 대명사: 수동사+행위자(조격대명사)+행위대상(주격대명사)

Kinain ko iyán. 나는 그것을 먹었다.

2) 행위자(조격), 행위대상(주격) 모두 보통명사(또는 인명): 수동사+행위자(ng 명사/ni 인명)+행위대상(ang 명사/si 인명)

Kinain ng aso ang isdâ. 그 생선은 개에게 먹혔다.(개는 생선을 먹었다.)

3) 행위자(조격)는 대명사, 행위대상(주격)은 보통명사 또는 인명: 수동사+행위자(조격대명사)+행위대상(ang 명사/si 인명)

Binilí niyá ang tinapay. 그는 빵을 샀다.

Bantayán mo si Juan. 너는 후안을 보호해라.

4) 행위자(조격)는 보통명사(또는 인명), 행위대상(주격)은 대명사: 수동사+행위대상(주격대명사)+행위자(ng 보통명사/ni 인명)

Binábantayán siyá ng mgá pulís. 경찰들이 그를 보호하고 있다.

Binilí iyán ni Juan. 후안이 그것을 샀다.

9 관사 ang과 ng 사용법

위의 예문처럼 ang과 ng 관사는 능동적 행위자일 경우와 수동적 행위자일 경우를 구분하는 기능을 갖는다. 따라서 능동태 및 수동태 문장의 구조를 정확하게 이해하기 위해 관사 ang과 ng의 사용법에 대한 정확한 이해가 필요하다.

(1) ang 사용법

1) 보통명사가 주격일 경우

Ang batang babae ay magandá at marunong.
그 소녀는 아름답고 영리하다.

Kumákáin ng mansanas ang iná. 어머니는 사과를 먹고 계신다.

2) ay대신 사용하여 실질적 주어를 강조하거나 한정하여 수식한다.

Ang gurò ang sumulat ng kuwento. 그 선생님이 그 소설을 쓴 분이다.

Ang lalaki ang maysakít. 그 남자가 아픈 사람이다.

(2) ng 사용법

1) 능동태에서 직접목적격으로 사용된 보통명사의 관사

Bumilí ng kotse ang lalaki. 그 남자는 차를 샀다.

2) 소유(…의)

Ang iná ng gurò ay nagpuntá sa palengke. 선생님의 어머니는 시장에 갔다.

3) 수동태 문장에서 조격으로 사용된 보통명사의 관사.

Binilí ng batang lalaki ang lapis. 그 연필은 소년에 의해 사졌다.

4) 도구 및 수단(~으로, ~을 사용하여)

Pinalò niyá ng bat ang bola. 그는 방망이로 공을 쳤다.

Sinulat ng titser ng yeso sa pisara ang pangungusap.
선생님은 분필로 칠판에 그 문장을 썼다.

Pagpapahayag

8-2

Binasa ni Rosa ang lahát ng mgá liham galing sa amá niyá.
로사는 아버지로부터 온 편지들을 전부 읽었다.

Ang umibig ay mas masayá kaysá sa ibigin.
사랑하는 것은 사랑받는 것보다 더 행복하다.

Sinirà niyá ang mákináng iyón. 그는 저 기계를 고장냈다.

Nilúlutò ng iná ko ang paksíw. 어머니께서 빡시우를 요리하시고 있다.

Nilaláng ng Diyós ang sandaigdigan. 하느님이 우주를 창조하였다.

Ginágámit natin ang mgá paá sa paglakad.
우리는 걷는데 발들을 사용한다.

Bilhín mo ang saging sa palengke. 시장에서 바나나를 사라.

Walisín natin ang likód-bahay bukas ng umaga.
내일 아침에 뒤뜰을 쓸자.

Ang iníibig ko'y ikáw. 내가 사랑하는 사람은 너다.

Ang sinabi ng taong itó ay hindî totoó. 이 사람이 말한 것은 사실이 아니다.

Gígisingín kitá nang alás-kuwatro ng umaga.
나는 너를 아침 4시에 깨우겠다.

Tátawágin kitá kung dáratíng ang kaibigan mo.
너의 친구가 도착하면 너를 부르겠다.

Si Tom ang masipag. 부지런한 사람이 톰이다.

Siyá ang estudyanteng pinakamatalino sa klase.
반에서 가장 똑똑한 학생이 그 학생이다.

Kung akó'y mayaman, púpuntá akó sa Amerika.
내가 부자라면, 나는 미국으로 가겠다.

Sundín mo ang sabi niyá, kung hindî ay magkákamalî ka ng tantiyá.
그의 말을 따라라, 그렇지 않으면 너는 잘못 판단할 것이다.

Kung hindî sa akin ang pagkaing itó, hindî ko kákaínin.
이 음식이 나의 것이 아니면, 나는 먹지 않겠다.

Pagsasanay

1 아래 보기에서 알맞은 단어를 골라 문장을 완성하세요.

1 ________ ang ________ mo ________?
너는 내일 무엇을 할 예정이냐?

2 ________ Rosa ________ lumálákad ________ tabíng-dagat.
해변에서 걷고 있는 사람은 로사이다.

3 ________ mabuti ang ________ mo ________.
네가 어제 만든 것은 정말로 훌륭하다.

4 Dádalhín ________ sa ospitál ngayón ________.
나는 지금 즉시 너를 병원으로 데려가겠다.

5 Kainin ________ ________ meryenda ________ dáratíng siyá.
그녀가 도착하면 간식을 먹자.

6 ________ ________ si Maria nang alás-saís ng ________.
나는 마리아를 아침 6시에 깨웠다.

7 Kung sa ________ ________, ________ ko gágamítin.
만약 이것이 그의 것이라면, 나는 사용하지 않겠다.

보기

ⓐ ang ⓑ Anó ⓒ bukas ⓓ din ⓔ gágawín ⓕ ginawâ
ⓖ Ginisíng ⓗ hindî ⓘ itó ⓙ kahapon ⓚ kanyá ⓛ kitá
ⓜ ko ⓝ kung ⓞ natin ⓟ ng ⓠ sa ⓡ Si ⓣ Totoóng
ⓤ umaga

❷ 아래 문장을 필리핀어로 작문하세요. (2형식문장, 제시된 단어가 있으면 사용할 것)

1 몇 시에 너를 깨울까?(IN동사)

---

2 내가 부자라면 차를 사겠다. (IN동사)

---

3 저를 호텔로 데려다 주세요. (IN동사)

---

4 은행이 어디 있는지 질문드려도 되겠습니까?(Puwede, IN동사)

---

5 만약 네가 잘못했다면, 나는 너를 때리겠다. (IN동사)

SEKSYON 09

동사용 보조사·MA동사

Gustó kong uminóm ng serbesa.

나는 맥주를 마시고 싶다.

Usapan

9-1

Gustó kong uminóm ng serbesa sa Sabado.
나는 이번 토요일 맥주를 마시고 싶다.

Alám kong maglutò ng isdâ at pansít. 나는 생선과 잡채를 요리하는 방법을 알고 있다.

Puwedeng basahin ni Rosa ang diyaryo ng Tagalog.
로사는 따갈로그어 신문을 읽을 수 있다.

Kailangan mong sundín ang sabi ng mgá magulang.
너는 부모님들의 말씀을 따라야 한다.

Ibig siyá ni Pedro mákíta. 페드로는 그를 만나고 싶어 한다.

Nagágálit ang mgá pulís sa mgá batà nilá.
경찰관들은 그들의 아이들에게 화를 내고 있다.

Natulog ang ama ko sa silíd niyá noóng Linggó.
지난 일요일, 나의 아버지는 그의 방에서 주무셨다.

Huwág kang matakot. 두려워하지 마라.

Nagágalák pô akóng mákilala kayó. 저는 당신을 알게 되어 기쁩니다.

Mabábásа ko ang nobelang itó mámayâ. 나는 이 소설을 나중에 읽을 수 있을 것이다.

Nakuha nilá ang mgá tiket para sa palabás ng páaralán.
그들은 학교공연용 입장표들을 구할 수 있었다.

Mákikíta ko ang aking kaibigan sa palengke.
나는 시장에서 나의 친구를 만나게 될 것이다.

Nábásag ng aso ang baso ng katás. 개가 주스 잔을 깼다.

Náhúli ng pulís ang mandurukot sa páliparan.
공항에서 소매치기가 경찰에 잡혔다.

Násusúnog ang kaniláng págawaan ng pósporó ngayón.
그들의 성냥공장이 지금 화재로 불타고 있다.

Mulâ noóng Linggó, hindî namin siyá nákikíta.
지난 일요일부터 우리는 그녀를 보지 못했다.

Bukabularyo

diyaryo 신문
magalák 기뻐하다, 고무되다
Huwág~ 하지마라
nobela 소설, 드라마
palabás 공연
katás 주스
baso 잔, 컵
mandurukot 소매치기
páliparan 공항
págawaan 공장
pósporó 성냥
Paskó 크리스마스, 성탄절
tsokolate 초콜릿
tsinelas 슬리퍼
barò 옷
radyo 라디오
bus 버스
tiket 표, 입장권
óperá 오페라, 가극
dahil~ ~때문에
pagód 지친, 피곤한
alak 술, 와인
keso 치즈
mulâ ~ ~부터
tugtugin 음악
ilog 강

tulong 도움, 협조

kandidato 후보자

magkakasama 함께(세 사람 이상)

magkasama 함께(두 사람)

Kahit na ~이지만, 불구하고

gatas 우유

pusà 고양이

parke 공원

aksidente 사고

aksidente sa daán 교통사고

asúl 푸른

panyô 손수건

pulís 경찰관

pulisya 경찰(력)

Balarila

1 동사용 보조사

영어에서는 조동사(Auxiliary verb)라는 명칭으로 8개의 품사 중 하나로 구분되어 있지만 따갈로그어에서는 영어와 같은 조동사라는 별도의 품사는 없고, 형용사나 명사의 품사 단어들이 영어의 조동사와 같은 용도로 활용된다. 아래에 예로 나열한 종류는 영어의 조동사 개념으로 활용되는 형용사와 명사들이다.

(1) 종류(예)

단어(품사)	뜻	영어
alám	~하는 것을 알고 있다	know to
ayaw	~하기를 싫어하다	do not like
kailangan	~하는 것이 필요하다	need to
dapat	해야 한다	must, have to
ibig	~하기를 좋아하다(원하다, 기원하다)	love, like, desire, wish
gustó	"	"
nais	"	"
maáarì	할 수 있다	can, be able to
puwede	"	"

(2) 활용 규칙

1) 동사용 보조사와 함께 사용되는 본동사는 항상 부정사형이어야 하고, 보조사와 본동사 사이에 위치하는 주격 또는 조격 대명사에는 항상 연결사가 필요하다. 그러나 주격 또는 조격이 인명, 지명 또는 보통명사이거나 회화체에서 행위자가 생략되어 보조사와 본동사가 직접 연결되는 경우, 보조사의 마지막 철자가 모음 또는 'n'이면 연결사가 필요하고 자음이면 연결사를 사용하지 않는다.

예 Gustó kong lumangóy. 나는 수영을 하고 싶다.
Dapat pumuntá sa palengke ngayón. 지금 시장에 가야 해.
Alám ni Juan maglutò ng pansít. 후안은 잡채 요리방법을 알고 있다.

2) 상기 보조사중 alám, ibig, gunstó, nais, ayaw는 본동사가 행위자중심(능동사)일 경우에도 비행위자중심의 수동문에서 사용하는 조격을 의미상 주어로 사용한다.

Maáarì akóng bumasa ng Inglés. 나는 영어를 읽을 수 있다.
→ Maáarì kong basahin ang Inglés.

Kailangan tayong kumain ng pagkain. 우리는 음식을 먹어야 한다.
→ Kailangan nating kainin ang pagkain.

Ibig kainin ng mgá lalaki ang kanin. 그 남자들은 밥을 먹고 싶어 한다.
→ Ibig kumain ng mgá lalaki ng kanin.

Gustó mo bang kumain ng saging? 너는 바나나를 먹고 싶으냐?
→ Gustó mo bang kainin ang saging?

Alám kong magsalitâ ng Inglés. 나는 영어로 말할 수 있다.

3) 조격 및 주격 행위자가 인칭대명사일 경우, 인칭대명사는 연결사와 함께 보조사와 동사 사이에 위치한다.

Ibig kong uminom ng serbesa. 나는 맥주를 마시고 싶다.
Gustó niláng magsalitâ ng Korean. 그들은 한국어로 말하고 싶어 한다.
Ayaw niyáng kumain ng manggá. 그는 망고를 먹기 싫어합니다.

4) 의문문에서 의문조사 ba는 인칭대명사가 단음절(ka, mo, ko)일 경우, 인칭대명사 뒤에 위치하고, 기타 인칭대명사는 그 앞에 위치한다. ba가 인칭대명사 뒤에 위치할 경우, bang(ba+na)으로 동사와 연결한다.

Ibig mo bang uminom ng serbesa? 너는 맥주를 마시고 싶으냐?
Dapat ka bang umalís? 너는 지금 떠나야 하느냐?
Ayaw ba niyáng kumain ng manggá? 그는 망고를 먹기 싫어하느냐?
Maáarì(Puwede) mo bang linisin ang aking tsinelas?
나의 슬리퍼를 깨끗하게 해 줄 수 있느냐?

Maáarì(Puwede) ka bang bumilí ng tsokolate para sa mga batà?
너는 아이들을 위해 초콜렛을 살 수 있느냐?

5) 조격 및 주격 행위자가 인칭대명사가 아닌(보통명사, 사람 이름, 지명) 경우, '조동사+본동사+행위자' 순서로 문장이 구성된다. 보조사의 마지막 철자가 n 또는 모음으로 끝나는 경우에는 연결사를 사용하고 그 외에는 연결사를 사용하지 않는다.

Gustóng uminom ng alak ng mga babae. 그 여자들은 포도주를 마시고 싶어 합니다.

Ibig kainin ng mgá bata ang keso. 그 아이들은 치즈를 먹고 싶어 합니다.

Maáarì nang magtrabaho si Juan. 후안은 이제 일할 수 있습니다.

6) 보조사는 연결어를 사용하여 반복하면 의미를 더욱 강조할 수 있다.

gustúng-gustó 매우 좋아하다

ayaw na ayaw 매우 싫어하다

kailangang-kailangan 절대적으로 필요하다

kayang-kaya 아주 잘 할 수 있다

예 Gustúng-gustó kong inumín ang serbesa ng San Miguel.
나는 산 미구엘 맥주를 매우 마시고 싶다.

7) gustó, ibig, nais의 차이점

이 세 가지 조동사는 공통적으로 '~하기를 좋아하다(기원하다)'라는 의미를 갖고 있다. 그렇지만 실제 활용에 있어서는 아래와 같은 차이점이 있다.

– gustó: 일상생활에서 가장 편하게 자주 사용되는 단어이다.
– ibig: gustó가 일반 회화중심인 반면에, ibig은 문어체 중심으로서 연설문이나 공문서 등에서 형식을 갖추는 의미가 있다.
– nais: gustó나 ibig에 비해 좋아하고 기원하는 마음을 더욱 강조한다.

2 MA동사

여러 가지 동사용 접사 중 MA접두사만 특이하게 능동사(행위자중심)와 수동사(행위대상중심)의 두 가지 기능을 함께 갖는다. 또한, 행위대상중심의 MA동사는 가능의 의미와 우연의 의미로 다시 구분된다.

(1) 행위자중심 MA동사

단순동작, 감정, 느낌, 신체적 상황, 사물의 상황, 상태의 변화 등의 의미를 갖게 한다.

1) 활용 동사(예)

어근	부정사/명령	과거	현재	미래	뜻
kiníg	makiníg	nakiníg	nakíkiníg	makíkiníg	듣다
galit	magalit	nagaglit	nagágálit	magágálit	화내다
gináw	magináw	nagináw	nagígináw	magígináw	추워하다
gutom	magutom	nagutom	nagúgútom	magúgútom	배고프다
higâ	mahigâ	nahigâ	nahíhigâ	mahíhigâ	눕다
hiyâ	mahiyâ	nahiyâ	nahíhiyâ	mahíhiyâ	부끄러워하다
hulog	mahulog	nahulog	nahúhúlog	mahúhúlog	떨어지다
inggít	mainggít	nainggít	naíinggít	maíinggít	부러워하다
ligò	maligò	naligò	nalíligò	malíligò	목욕(샤워)하다
lugód	malugód	nalugód	nalúlugód	malúlugód	기뻐하다
lungkót	malungkót	nalungkót	nalúlungkót	malúlungkót	슬프다
patáy ✎	mamatáy	namatáy	namámatáy	mamámatáy	죽다
noód	manoód	nanoód	nanónoód	manónoód	주시하다
sunog	masunog	nasunog	nasúsúnog	masúsúnog	불에 타다
takot	matakot	natakot	natátákót	matátákot	두려워하다
tulog	matulog	natulog	natútúlog	matútúlog	자다
tuwâ	matuwâ	natuwâ	natútuwâ	matútuwâ	기뻐하다

⊙ 부정사와 명령형이 동일하다

2) 예문

Nahíhiyâ ang batang babae sa kanyáng barò.

그 소녀는 그녀의 옷에 대해 부끄러워하고 있다.

Nakiníg ba kayó sa radyo noóng Linggó?

당신은 지난 일요일 라디오 방송을 들었습니까?

TIP

*접두사의 마지막 모음 철자에 의한 자음동화현상으로 p가 m으로 변환.

(2) 행위대상중심 가능 MA동사

행위대상이 주어가 되는 수동태문장에 '할 수 있다'라는 의미를 부여하는 동사

1) 활용 동사(예)

어근	부정사/명령	과거	현재	미래	뜻
balità	mabalità	nabalità	nabábalità	mabábalità	알려질 수 있다
basa	mabasa	nabasa	nabábása	mabábása	읽혀질 수 있다
basag	mabasag	nabasag	nabábásag	mabábásag	깨어질 수 있다
bilí	mabilí	nabilí	nabíbilí	mabíbilí	구매될 수 있다
kain	makain	nakain	nakákáin	makákáin	먹힐 수 있다
sirà	masirà	nasirà	nasísirà	masísirà	찢어질 수 있다, 깨질 수 있다
sulat	masulat	nasulat	nasúsúlat	masúsúlat	쓰여질 수 있다
walâ	mawalâ	nawalâ	nawáwalâ	mawáwalâ	발견될 수 없다, 잃다

2) 예문

Hindî mabasa ang sulat niyá.
그의 편지는 읽을 수 없다.

Nawalâ ko ang pera sa loób ng bus.
나는 버스 안에서 돈을 분실했다.

(3) 행위대상중심 우연 MÁ동사

행위대상이 주어가 되는 수동태문장에 우연 또는 우발성의 의미를 갖게 하는 동사로서 MÁ접두사에 악센트가 있다.

1) 활용 동사(예)

어근	부정사/명령	과거	현재	미래	뜻
alaala	máalaála	náalaála	náaalaála	máaalaála	(무의식적으로)기억되다
balità	mábalità	nábalità	nábabalità	mábabalità	(우연히)알려지다
basa	mábása	nábása	nábabása	mábabása	(우연히)읽혀지다
basag	mábásag	nábásag	nábabásag	mábabásag	(우발적으로) 깨지다
kilalá	mákilala	nákilala	nákikilala	mákikilala	(우연히 사람을) 알게되다
kita	mákíta	nákíta	nákikíta	mákikíta	(우연히) 보이다, 만나지다

kuha	mákúha	nákúha	nákukúha	mákukúha	(우연히) 얻다, 구하다
huli	máhúli	náhúli	náhuhúli	máhuhúli	(우연히) 잡히다
hulí	máhulí	náhulí	náhuhulí	máhuhulí	(비의도적으로) 늦어지다, 뒤로 쳐지다
patáy	mápatáy	nápatáy	nápapatáy	mápapatáy	(우발적으로) 살해되다
sunog	másúnog	násúnog	násusúnog	másusúnog	(우발적으로) 불태워지다, 화재가 나다

⊙ 부정사와 명령형이 동일하다.
⊙ 현재형과 미래형에서 반복되는 음절에 악센트를 부여한다.

2) 예문

Nákúha ko ang dalawáng tiket para sa óperá ngayóng gabí.
나는 오늘 밤 공연되는 오페라 입장권 2장을 우연히 구했다.

Náhulí siyá dahil pagód siyá.
그는 피곤했기 때문에 뒤로 쳐졌다.

Náaalaála ng mga estudyante ang pangalan ng gurò.
그 선생님의 이름은 학생들에 의해 기억되고 있습니다.

3 명사용 PÁ-AN(HAN)복합사

어근에 사용된 PÁ-AN(HAN)복합사는 어근의 의미가 진행되는 장소 또는 행사를 의미하는 명사가 된다.

(1) 장소, 건물

páaralán 학교
páusukán 굴뚝, 훈제소(해충박멸)
págupitan 이발소
págamutan 병원
páliparan 공항
págawaan 공장

(2) 경기, 시합

págandahan 미인 선발대회
páligsahan 대회, 시합
pálakasan 운동 경기

4 과거시점과 미래시점을 표현하는 방법

(1) sa: 미래시점을 의미하는 전치사

- sa Linggó: (오는) 일요일에
- sa Enero: (오는) 1월에
- sa taóng 2016: 2016년에
- sa Paskó: 성탄절에
- sa umaga ng Paskó: 성탄절 아침에
- mulâ sa ~ hanggáng ~: ~부터(미래시점) ~까지
- sa susunód(=dáratíng) na araw: 다음 날
- sa susunód(=dáratíng) na linggó: 다음 주
- sa susunód(=dáratíng) na buwán: 다음 달

(2) noón: 과거시점을 의미하는 부사

- noóng Miyérkulés: 지난 금요일에
- noóng Hulyo: 지난 7월에
- noóng taóng 1954: 1954년에
- noóng unang panahón: 옛날에
- mulâ noóng ~ hanggáng ~: ~부터(과거시점) ~까지
- noóng isáng(=nakaraáng) linggó: 지난 주(last week)
- noóng isáng(=nakaraáng) buwán: 지난 달(last month)
- noóng isáng(=nakaraáng) taón: 작년(last year)

Pagpapahayag

9-2

Kailangan kayóng maligo araw-araw.
너희들은 매일 목욕을 할 필요가 있다(.목욕을 해야한다.)

Ayaw uminóm ni Maria ng gamót. 마리아는 약 먹기를 싫어한다.
(=Ayaw inumín ni Maria ang gamót.)

Nais kong masayá ka araw-araw. 나는 네가 매일매일 행복하기를 기원한다.

Kailangang mag-aral ng Tagalog si Gng. Ligaya.
리가야 부인은 따갈로그어를 공부할 필요가 있다.

Gustóng makiníg ng magandáng tugtugin ng batang babae.
그 소녀는 아름다운 음악을 듣기를 좋아합니다.

Ayaw bang lumangóy sa ilog si Pedro?
페드로는 강에서 수영하기를 싫어하느냐?

Kailangang-kailangan ko ang tulong mo ngayón.
나는 지금 너의 도움이 절대적으로 필요하다.

Nábabása ng mga estudyante ang kuwento ni Maria.
마리아의 이야기는 학생들에 의해 읽혀지고 있다.

Nápatáy ng pulís ang mgá magnanakaw.
도둑들이 우발적으로 경찰에 의해 살해되었다.

Ang natútúlog sa silíd ay amá ko. 방에서 잠자고 있는 사람은 나의 아버지이시다.

Ayaw na ayaw ko ang kandidatong iyón.
나는 저 후보자를 대단히 싫어한다.

Sa nábása ko kahapon, hindî totoó ang mgá itó.
어제 내가 읽은 것 중에서 이것들이 틀리다.

Mulâ sa dáratíng na Linggó, magkákasáma kamí.
우리는 이번 일요일부터 함께 있을 것이다.

Mulâ noóng Lunes hanggáng ngayón, nag-áaral lang tayo.
지난 월요일부터 지금까지 우리는 공부만 하고 있다.

Huwág mo akóng hintayín. 나를 기다리지 마라.

Kahit na nákikíta kitá, gustó ko pang mákíta kitá.
너를 보고 있지만, 그래도 너를 보고 싶다.

Pagsasanay

1 아래 보기에서 알맞은 단어를 골라 문장을 완성하세요.

1 ________ kong kumain ________ tinapay ________ gatas.

나는 아침식사로 빵과 우유를 먹고 싶다.

2 ________ ka ________ din.

너는 지금 즉시 몸을 씻어라(샤워해라).

3 ________ na ayaw maligò ________ pusà.

고양이는 몸을 씻는 것을 매우 싫어한다.

4 ________ pô ________ ________ máalaála ang ________ niyá?

그 사람의 이름을 기억하실 수 있습니까?

5 Mulâ ________ Enero ________ ngayón ________ umúulán.

지난 1월부터 지금까지 비가 오지 않고 있다.

6 ________ na Linggó ngayón, nagtátrabáho ________ si Juan.

오늘은 일요일인데도 불구하고 후안은 여전히 일하고 있다.

보기

ⓐ ang ⓑ at ⓒ Ayaw ⓓ ba ⓔ Gustó ⓕ hanggáng
ⓖ hindî ⓗ Kahit ⓘ Maligò ⓙ Maáarì ⓚ ninyóng ⓛ noóng
ⓜ ng ⓝ ngayón ⓞ pa ⓟ pangalan

2 아래 문장을 필리핀어로 작문하세요. (2형식문장, 제시된 단어가 있으면 사용할 것)

1 두려워하지 마라.

---

2 로사는 오늘 신문을 읽고 싶어 한다. (gustó, IN동사)

---

3 당신은 어젯밤에 저의 아버지를 보셨습니까?

---

4 너를 만나게 되어 기쁘다. (MA동사)

---

5 나는 어제 공원에서 푸른색 손수건을 잃었다.

---

6 그 교통사고는 경찰에 알려질 수 있을 것이다.

SEKSYON 10

MANG동사·원인·동사표현

내일 토끼 사냥을 하자.

Mangaso tayo ng kuneho bukas.

Usapan

10-1

Mangaso tayo ng kuneho sa bundók bukas.
내일 산에서 토끼사냥을 하자.

Nangángailángan pô akó ng tulong ng titser para sa aralíng-bahay.
나는 숙제하는 데 선생님의 도움이 필요합니다.

Nanggamót ang doktora sa pasyente. 여의사는 환자를 치료했다.

Umiyák nang umiyák ang sanggól kagabí.
어젯밤 그 아기는 계속하여 울었다.

Namámasyál na lumúluhà si Rosa sa aplaya.
로사는 눈물을 흘리면서 해변을 산책하고 있다.

Nangabayo kamíng kumúkúha ng larawan sa kaparangan.
우리는 초원에서 사진을 찍으면서 승마를 했다.

Mangisdâ tayo sa lawà mámayáng hapon, ha?
오늘 오후에 호수에서 낚시하자, 알았지?

Manlílígaw ka ba kay Maria, ha? 너는 마리아에게 청혼할거지, 응?

Kasí,(Kasí ay) umakyát ka sa hagdán. 네가 사다리를 타고 올라간 탓이다.

Kasí,(Kasí ay) umulán kahapon, e. 어제는 비가 왔기 때문에.

Bakit ka náhulí? 너는 왜 늦었어?

Malayò pô kasí ang bahay ko, e. 저의 집이 먼 탓입니다.

Bakit hindî mo kinuha ang aklát-aralín? 너는 왜 교과서를 가지고 오지 않았니?

Kasí, nákalimutan ko pô, e. 유감스럽게도 잊었습니다.

Dahil sa iyó, násísi akó. 너 때문에 내가 비난을 받았다.

Dahil sa masamáng panahón, kinanselà ang larô.
나쁜 날씨 때문에 경기가 취소되었다.

Bukabularyo

- **kuneho** 토끼
- **aralíng-bahay** 숙제
- **doktora** 의사(여자)
- **hilahin** 당겨지다
- **lubid** 밧줄, 로프
- **lawà** 호수
- **larawan** 사진
- **kumuha ng larawan** 사진을 찍다
- **kaparangan** 초원, 목초지
- **lumuhà** 눈물을 흘리다
- **kasí** ~탓에, ~때문에
- **umakyát** 올라가다
- **hagdán** 사다리, 계단
- **malayò** 멀다, 먼
- **kunin** 가져와지다
- **aklát-aralín** 교과서
- **mákalimutan** 잊다, 망각하다
- **dahil sa** ~때문에
- **másísi** 비난받다, 질책당하다
- **masamâ** 나쁜, 사악한
- **panahón** 시간, 계절, 기후
- **kanselahin** 취소되다
- **larô** 경기, 게임, 놀이
- **yumaman** 부유해지다, 부자가 되다

Balarila

1 행위자중심 MANG동사

(1) MANG접두사에 의해 추가되는 의미

1) 다수의 행위대상에 수반되는 행위

2) 반복되는 습관적 행위

3) 전문적 · 직업적 행위, 취미(오락) 행위

4) 하나의 행위대상에 대해 집중하는 행위

(2) MANG접두사 활용 규칙

1) 자음동화현상에 의해 어근의 첫 철자가 d, l, r인 경우는 MAN-으로 활용된다.

2) 어근의 첫 철자가 b, p, s, t인 경우 NG이 없어지는 자음탈락현상이 발생하면서 MA-가 된다. 여기에 추가하여 어근의 첫 철자가 b와 p인 경우, m으로 변하고, s와 t인 경우 n으로 변하는 자음동화현상이 재차 발생한다.

3) 어근의 첫 철자가 b, d, l, p, r, s, t를 제외하고 모두 MANG-으로 활용된다.

4) 어근의 첫 철자가 k인 경우, k가 없어지는 자음탈락현상이 발생한다.

5) 전문적 · 직업적 행위, 취미(오락) 행위의 개념에 해당하면서 모음으로 시작하는 대부분의 어근과 K탈락현상으로 어근의 첫 철자가 모음이 되는 경우, 현재형과 미래형에서는 반복되는 모음에 NG을 삽입하는 자음삽입현상이 발생한다.

mangailangan 필요로 하다

tuwíng(tuwî + na) ~때 마다

trabaho 일, 직업

sana 원하고 있는, 희망하는

pagkakámalî 잘못, 실수

eskuwelahán 학교, 배움터

mag-ingat 조심하다, 유의하다

pagmamaneho 운전

susì 열쇠, 키

pintô 문

kátiwalà 감독관, 책임자, 경영인

trabahadór 노동자, 근로자

ospitál 병원

aplaya 해안, 바닷가

(3) 활용 동사(예)

어근	부정사/명령	과거	현재	미래	뜻
abala	mang-abala	nang-abala	nang-áabala	mang-áabala	귀찮게 하다, 괴롭히다
kabayo	mangabayo	nangabayo	nangángabáyo	mangángabáyo	승마를 하다
kagát	mangagát	nangagát	nangángagát	mangángagát	깨물다, 물다
apí	mang-apí	nang-apí	nang-áapí	mang-áapí	학대하다, 억압하다
aso	mangaso	nangaso	nangángáso	mangángáso	사냥하다
kawíl	mangawíl	nangawíl	nangángawíl	mangángawíl	낚시하다
dukot	mandukot	nandukot	nandúrúkot	mandúrúkot	소매치기하다
gamót	manggamót	nanggamót	nanggágamót	manggágamót	의료행위(치료)를 하다
guló	mangguló	nangguló	nanggúguló	manggúguló	소요(혼란)를 일으키다
huli	manghuli	nanghuli	nanghúhúli	manghúhúli	(물고기, 새 따위를)잡다
ibon	mangibon	nangibon	nangíngíbon	mangíngíbon	새 사냥을 하다
isdâ	mangisdâ	nangisdâ	nangíngisdâ	mangíngisdâ	고기를 잡다
kuha	manguha	nanguha	nangúngúha	mangúngúha	모으다, 수집하다
kupit	mangupit	nangupit	nangúngúpit	mangúngúpit	좀도둑질하다
ligaw	manligaw	nanligaw	nanlílígaw	manlílígaw	구애하다, 청혼하다
palengke	mamalengke	namalengke	namámaléngke	mamámaléngke	시장을 보다
pasyál	mamasyál	namasyál	namámasyál	mamámaasyál	산책하다
bilí	mamilí	namilí	namímilí	mamímilí	사다, 구매하다
sulat	manulat	nanulat	nanúnúlat	manúnúlat	저술하다
tahî	manahî	nanahî	nanánahî	manánahî	재봉하다

2 직업을 의미하는 MANG접두사(MANG+어근 첫음절+어근)

mángingisdâ 어부
manlilipad 비행사
mandaragát 항해사, 선원
manlalarò 선수(운동경기)
manggagamot 의사
mánanayaw 무용수
mánanahì 양재사, 재봉사
mandurukot 소매치기

3 반복되는 행위: 동사+nang+동사

(1) 모든 접사의 동사가 활용될 수 있으며, '계속하여(연속하여) ~하다', '~를 계속하다', '계속 ~만 하다'로 해석된다. 대명사일 경우와 인명/보통명사일 경우, 위치가 다르다.

Magtátrabáho nang magtátrabáho si Rosa bukas.
로사는 내일 일만 하고 있을 것이다.

Hilahin mo nang hilahin ang lubid na itó.
이 로프를 계속 당겨라.

(2) 행위자중심의 **UM**동사, **MAG**동사, **MA**동사, **MANG**동사의 경우 접사를 생략할 수 있다. 별도의 시제를 나타내는 부사(구)가 없으면 현재를 의미한다.

Iyák nang iyák ang sanggól kagabí.
어젯밤 아기는 계속 울었다.

Tulog ka nang tulog at aral akó nang aral.
너는 계속해서 잠을 자고, 나는 계속해서 공부를 한다.

4 동사+연결사+현재형 동사: ~하면서 ~하다

Umalís siyá ritong tumátakbó.
그는 달려서 여기를 떠났다.

Namámasyál na nag-úúsap siná Maria at Juan.
마리아와 후안은 얘기하면서 산책하고 있다.

5 문미조사(文尾助詞)

따갈로그어에서는 문장의 끝에 콤마를 찍은 다음에, 문장 전체의 의미를 보강하기 위해 문미조사를 사용한다.

(1) **e**: 유감, 반론에 대한 의미 강조

Bakit hindî mo siyá nakausap? 너는 왜 그에게 얘기하지 않았지?
→ Walâ kasí siyá noón, e. 그때 그녀가 없었기 때문이야.

Bakit hindî ka pumasok kahapon? 너는 왜 어제 출근하지 않았어?
→ Kasí, bigláng sumakít ang tiyán ko, e. 왜냐하면 갑자기 배가 아파서.

Dumatíng na ba ang mga batà? 아이들은 이미 도착했어?
→ Hindî pa, e. 아직 도착하지 않아 유감이야.

Ikáw ba ang nagpápatrabaho sa kanyá? 그에게 일을 시킨 사람이 너야?
→ Hindî namán akó, e. 전혀 내가 아니다.

(2) ha: 자신의 의견이나 질문에 대한 재확인, 놀람, 비난

Bíbilí ka ba ng damít bukas, ha? 내일 옷을 살 거야, 정말이야?
Pumasok ka sa eskuwelahán ngayón, ha? 오늘 학교에 가거라, 알았지?
Hindî mo gágawín ang sinabi ko, ha?
너는 내가 말한 것을 하려고 하지 않는구나, 왜 그래?

6 이유, 원인을 나타내는 표현

(1) dahil sa: '~ 때문에, ~해서, ~로 인해'로 해석되는 종속접속사 또는 전치사구

Dahil sa pagkakámalî mo, nagágálit siyá, e.
너의 실수 때문에 그 사람이 화를 내고 있잖아.

Umíiyak ang batà dahil sa pinalò siyá ng amá niyá.
그 아이는 아버지에게 매를 맞아서 울고 있다.

(2) kasí: 이유를 묻는 질문에 대한 답변에 사용되는 독립부사로서 이미 발생한 결과에 대한 이유를 말하거나 유감의 뜻을 표현한다. kasí는 독립부사이므로 위치 선정이 자유롭다.

Kasí ay hindî siyá mag-ingat ng pagmamaneho.
그 사람이 운전에 주의하지 않은 탓이야.(주의를 했으면 사고가 안 났을 것이다.)

Kasí, nawalâ mo ang susì ng pintô.
네가 문 열쇠를 잃어버렸기 때문이야.

Waláng pera kasí, e.
애석하게도 돈이 없어서.

Pagpapahayag

10-2

Nangíngisdâ siyá gabí-gabí. 밤마다 그는 고기를 잡는다.

Nang-áapí ang kátiwalà ng mgá trabahadór.
감독관은 노무자들을 억압하고 있다.

Nanggúguló ang estudyanteng iyón kung walâ ang titser sa klase.
저 학생은 교실에 선생님이 없으면 시끄럽게 한다.

Namámaléngke ang iná ko tuwíng Sábado.
나의 어머니는 매주 토요일마다 장을 보신다.

Nangángagát ang lamók ng tao. 모기는 사람을 문다.

Natútúlog ka nang natútúlog. 너는 계속해서 잠만 자고 있다.

Namámasyál nang namámasyál ang matandáng iyón.
저 노인은 계속 산책만 하고 있다.

Inóm nang inóm si Pedro ng serbesa. 페드로는 계속해서 맥주를 마시고 있다.

Ang trabaho ng tiyó niyá ay mángingisdâ.
그의 삼촌의 직업은 어부다.

Nagtátrabáho ang manggagamot na iyón sa Manila Ospitál.
저 의사는 마닐라 병원에서 근무한다.

Kumákáin siyáng bumábása ng diyaryo.
그는 신문을 읽으면서 식사를 하고 있다.

Lumakad siyáng kumákantá sa tabíng-dagat kagabí.
그는 어젯밤 노래를 하면서 바닷가를 걸었다.

Akó sana ang gumawâ niyán, e. 내가 그것을 했다면 좋겠지만.

Namatáy pô kasí ang lola ko kagabí, e.
지난밤에 저의 할머니가 돌아가셨기 때문입니다.

Magsalitâ tayo ng Koreano mulâ ngayón, ha?
지금부터 한국말로 얘기하자, 알았지?

Bakit ka nagsásalitâ ng Tagalog lang, ha?
너는 도대체 왜 따갈로그어로만 말하는 거야?

Pagsasanay

1 아래 보기에서 알맞은 단어를 골라 문장을 완성하세요.

1 ________ akó sa babaing ________ ________ gabí.
나는 오늘 밤 저 여자에게 청혼할 예정이다.

2 ________ siláng nag-úúsap sa ________ ________ umaga.
그들은 오늘 아침에 이야기하면서 해안을 산책했다.

3 ________ pô ba kayó ________ ________ iyák?
당신은 왜 계속 울기만 하십니까?

4 ________ ay ________ kahapon, ________.
유감스럽게도 어제는 비가 왔기 때문에.

5 Maglinis ________ ng garahe ________ ng umaga, ________?
우리 내일 아침에 차고를 청소하자, 알았지?

6 ________ kang ________ ng ________ trabahodór mo, ha?
너의 노무자들을 억압하지마라, 알겠어?

보기

ⓐ aplaya ⓑ Bakit ⓒ bukas ⓓ e ⓔ ha ⓕ Huwág
ⓖ iyák ⓗ iyón ⓘ kaninang ⓙ Kasí ⓚ mámayáng
ⓛ Manlíligaw ⓜ mang-apí ⓝ mgá ⓞ Namasyál ⓟ nang
ⓠ tayo ⓡ umulán

2 아래 문장을 필리핀어로 작문해보세요. (2형식문장, 제시된 단어나 용어를 따를 것)

1 저 어부는 어제 많은 고기를 잡았다. (manghuli)

2 너는 교실에서 소란을 피우지 마라, 알았어? (mangguló)

3 나는 지난 월요일부터 계속해서 공부를 하고 있다. (mag-aral)

4 유감스럽게도 그는 어제 지각했기 때문이다. (콤마로 분리한 독립부사)

5 로사는 어젯밤에 눈물을 흘리면서 집에 돌아왔다.

6 그들은 교실에서 노래하면서 청소를 하고 있다.

SEKSYON 11

I동사·형용사

저는 이모에게 고기를 요리해 드리겠습니다.

Ilúlutò ko pô ang karné para sa tiyá.

Usapan

11-1

Ibinigáy iyán ng katulong sa amo. 식모는 그것을 주인에게 드렸다.

Ilúlutò ko pô ang karné para sa tiya ngayóng gabí. 저는 오늘밤 이모에게 그 고기를 요리해 드리겠습니다.

Iturò pô ninyó ang daán sa Lipa City. 리빠 시로 가는 길을 가르쳐 주십시오.

Isará mo ang pintô ng bodega nang maayos. 창고 문을 단단히 닫아라.

Isinuót niyá ang kulay-abo na barò nang magandá. 그는 회색 옷을 예쁘게 입었다.

Inilutò ni Rosa ang pansit nang masaráp. 로사는 잡채를 맛있게 요리했다.

Nagmámaného ang tsupér nang mabilís. 운전수는 빠르게 운전하고 있다.

Ipinagbíbilí pô ba ang lupang itó? 이 땅을 팔고 있습니까?

Ipinagdíríwang nilá ang piyesta ng nayon. 그들은 마을 축제를 거행하고 있다.

Nákíta ko ang maraming magagandáng tutà sa palengke. 나는 시장에서 귀여운 강아지를 많이 보았다.

Ikuha mo siyá ng serbesa. 그에게 맥주를 갖다 주어라.

Gustó kong iuwî ang laruáng itó para sa apó kong babae. 나는 손녀를 위해 이 장난감을 집에 가져가고 싶다.

Ipinamámaléngke ko ang nanay tuwíng Lunes. 나는 매주 월요일 어머니를 위해 장보기를 한다.

Ipinagkumpuní ng kuya ang pulubi ng saingán. 거지에게 형이 밥솥을 고쳐주었다.

Maáarì ko siyáng igawâ ng palda. 나는 그녀에게 치마를 만들어 줄 수 있다.

Bukabularyo

amo 주인, 고용인
bodega 창고
lupà 땅, 토지
tiyá 이모, 고모, 아주머니
kulay-abo 회색의
katulong 도우미, 식모
piyesta 축제
maayos 정확한, 확실한
tsupér 운전기사
masaráp 맛있는
manikà 인형
piso 페소(필리핀 화폐단위)
kanin 밥
bulók 썩은, 상한
apóng lalaki 손자
magmartsa 행진하다
sundalo 군인, 병사
nanay 어머니, 모친
kuya 형, 오빠
relós 시계
pulubi 거지
saingán 밥솥
pusít 오징어
mahalagá 비싼, 귀한
pinggán 접시
mangkók 그릇

Balarila

1 I동사

비행위자중심동사 중에서 수동사용 I접두사에 의한 I동사는 행위대상중심동사와 수혜자중심동사로 구분한다.

(1) 행위대상중심 I동사는 다시 I동사와 IPAG동사로 구분한다.

1) I동사(예)

부정사/명령	과거	현재	미래	뜻
ialís	inialís	iniáalís	iáalís	옮기다
iayos	iniayos	iniááyos	iááyos	정리하다
ibalík	ibinalík	ibinábalík	ibábalík	되돌리다
ibalità	ibinalità	ibinábalità	ibábalità	알리다
ibigáy	ibinigáy	ibiníbigáy	ibíbigáy	주다, 선물하다
igawâ	iginawâ	iginagágawâ	igágawâ	만들다
ihanap	inihanap	iniháhánap	ihàhánap	찾다
ihulog	inihulog	inihúhúlog	ihúhúlog	떨어뜨리다
ilagáy	inilágáy	inilálagáy	ilálagáy	놓다, 두다
ilutò	inilutò	inilúlutò	ilúlutò	요리하다
isama	isinama	isinásáma	isásáma	함께하다, 참여하다
isará	isinará	isinásará	isásará	닫다
isuót	isinuót	isinúsuót	isúsuót	입다
itagò	itinagò	itinátagò	itátagò	숨기다, 챙기다
itapon	itinapon	itinátápon	itátápon	던지다, 버리다
iturò	itinurò	itinúturò	itúturò	가르치다
iwalâ	iniwalâ	iniwáwalâ	iwáwalâ	분실하다

⊙ 행위대상중심 IN(HIN)동사와 비교하여 문장 구성에 있어서 유사하다고 할 수 있으나 IN(HIN) 동사의 문장은 행위대상이 행위자 쪽으로 향하는 의미를 갖지만, I동사의 문장은 행위대상이 행위자로부터 멀어 지거나, 행위자와 행위대상이 함께 이동하는 의미를 갖기 때문에 부차적으로 행위방향에 관한 의미도 갖게 한다.

ináy 모친, 어머니(자신의 모친에 호칭)

desk 책상

mgá biyanán 장인과 장모

biyanáng babae 장모

biyanáng lalaki 장인

katápátan 정직, 충성심

bansâ 국가, 나라

pangulo 대통령

pondo 자금, 예산

proyekto 계획 사업, 프로젝트

paksíw 빡시우(요리 이름)

⊙ 어근의 첫 철자가 모음이거나 자음 중 H, L, R, W, Y이면, 과거형과 현재형에서 접두사 I와 어근 사이에 NI를 삽입하고, 그 외의 철자는 어근의 첫 자음과 모음 사이에 IN을 삽입한다.

2) IPAG동사(예)

ipagbilí 팔다
ipagmalakí 자랑하다, 허풍떨다
ipagpaliban 연기하다, 뒤로 미루다
ipagtanggól 방어하다, 지키다
ipagdiwang 경축하다, 찬양하다
ipagkaloób 승인하다, 허가하다
ipaglaban 싸우다, 투쟁하다
ipagpatuloy 계속하다, 유지하다

⊙ 동사활용법은 아래 수혜자중심동사 중 IPAG동사의 활용법과 동일하다.

(2) 수혜자중심동사

수혜자중심 I동사는 I동사, IPAG동사, IPANG동사 세 종류로 다시 분류할 수 있다. I동사는 UM동사의 어근이 활용되고, IPAG동사는 MAG동사의 어근이 활용되고, IPANG동사는 MANG동사의 어근이 활용된다.

1) 활용 동사(예)

부정사/명령	과거	현재	미래	뜻
ibasa	ibinasa	ibinábása	ibinábása	읽어 주다
ibilí	ibinilí	ibiníbilí	ibíbilí	사서 주다
igawâ	iginawâ	iginágawâ	igágawâ	만들어 주다
ikuha	ikinuha	ikinúkúha	ikúkúha	갖다 주다
iuwî	iniuwî	iníuuwî	iúuwî	가지고 돌아가다
ipagbilí	ipinagbilí	ipinagbíbilí	ipagbíbilí	~대신 팔아 주다
ipag-ihaw	ipinag-ihaw	ipinag-íihaw	ipag-íihaw	구워주다
ipaghugas	ipinaghugas	ipinaghúhúgas	ipaghúhúgas	~를 위해 씻어 주다
ipagkumpuní	ipinagkumpuní	ipinagkúkumpuní	ipagkúkumpuní	수리해 주다
ipaglutò	ipinaglutò	ipinaglúlutò	ipaglúlutò	요리해 주다
ipangisdâ	ipinangisdâ	ipinangíngisdâ	ipangíngisdâ	물고기를 잡아 주다
ipamalengke	ipinamalengke	ipinamámaléngke	ipamámaléngke	~를 위해 장을 보다

2 형용사의 종류

형용사는 단순형용사와 여러 가지 접사에 의해 파생된 접사형용사로 나눌 수 있다.

(1) 단순형용사(예)

sariwà 신선한, 새로운
guwapo 미남인, 잘생긴
pagód 피곤한
payát 날씬한, 야윈
pangit 못생긴
galít 화난

(2) MA형용사

접사 형용사 종류 중, 가장 많이 사용되는 접사가 MA접두사이다.

1) 정신적, 도덕적, 물리적 개념

magandá 아름다운
matandâ 늙은
maliít 작은
matamís 달콤한, 단
malakí 큰
mayaman 부자인, 돈이 많은

2) 어근의 명사가 다수인 상태

matao 사람이 많은
matrapik 교통이 복잡한
mabulaklák 꽃이 많은
maipis 바퀴벌레가 많은

3) 수식되는 명사가 복수일 경우, 어근의 첫음절을 반복한다.

Magagandá ang mgá manikang itó. 이 인형들은 예쁘다.
Malalakí ang mgá mansanas na iyán. 그 사과들은 크다.

3 부사용 선행사 nang

동사를 수식해주는 부사는 형용사에 nang을 선행사로 사용하여 활용한다.

mabilís(빠른) → nang mabilís(빠르게)
magandá(아름다운) → nang magandá(아름답게)
malakí(큰) → nang malakí(크게)

Pagpapahayag

11-2

Ibigáy mo kay Juan ang bolpen. 후안에게 그 볼펜을 주어라.

Ibigáy mo iyán sa akin. 그거 나 줘.

Itinapon ko ang kaning bulók. 나는 상한 밥을 버렸다.

Ipinag-ihaw nilá tayo ng pusít. 그들은 우리들에게 오징어를 구워 주었다.

Ipinaglutò ni Rosa ng paksíw ang iná niyá nang totoóng masarap. 로사는 그녀의 어머니에게 빡시우를 매우 맛있게 요리해 드렸다.

Iayos mo ang mgá kábinet nang mabuti. 캐비넷들을 잘 정리해라.

Mag-aral ka nang mabuti. 공부 열심히 해라.

Kaní-kanino ang mgá mahahalagáng relós na iyón? 저 비싼 시계들은 누구들의 것이냐.

Ipinaghugas ko pô ng pinggán at mangkók ang ináy. 저는 어머니를 위해 접시와 그릇을 씻어 드렸습니다.

Igágawâ niyá ng mesa ang kanyáng anák. 그는 그의 아이에게 책상을 만들어 줄 예정이다.

Ibíbilí akó ng aking biyanáng babae ng kotse. 장모님은 나에게 차를 사주려고 하신다.

Ipinagmámalakí niyá ang katápátan ng amá para sa bansâ. 그는 아버지의 국가를 위한 충성심을 자랑한다.

Ipagpápatúloy nilá ang tradisyón. 그들은 전통을 계속 유지할 것이다.

Hindî nilá iyán ipinagpápalíban kahit umulán. 그들은 비가 올지라도 그것을 연기하지 않는다.

Ipinagkaloób ng pangulo ang pondo ng proyekto. 대통령은 그 계획 사업의 자금을 승인했다.

Pagsasanay

1 아래 보기에서 알맞은 단어를 골라 문장을 완성하세요.

1 ______ pô ______ ang ______ na iyán sa ______.
그 책을 저에게 주십시오.

2 ______ mo ______ ang manikà?
너는 인형을 어디에 두었느냐?

3 ______ nilâ ______ ______ silya ______ magandá.
그들은 의자들을 예쁘게 만들고 있다.

4 ______ kong ______ ang ______ ng ______ nayon.
나는 우리 마을축제를 연기하고 싶다.

5 ______ niyá ______ isdá ______ manók ang mgá anák.
그녀는 아이들에게 생선과 닭을 구워 주었다.

6 ______ ______ ba ______ ihirám ng ______?
너 나한테 돈 빌려줄 수 있어?

보기

ⓐ akin ⓑ akóng ⓒ at ⓓ ating ⓔ aklát ⓕ ang
ⓖ Ginágawâ ⓗ Gustó ⓘ Ibigáy ⓙ inilagáy ⓚ ipagpaliban
ⓛ Ipinag-ihaw ⓜ Maáarì ⓝ mgá ⓞ mo ⓟ nang ⓠ ninyó
ⓡ ng ⓢ pera ⓣ piyesta ⓤ Saán

2 아래 문장을 필리핀어로 작문하세요. (2형식 문장, 제시된 단어나 용어를 따를 것)

1 연필을 좀 가져다 줄 수 있어? (Puwede, I동사)

2 로사는 매우 열심히 영어를 공부하고 있다.

3 우리 가족은 할아버지의 생일파티를 거행했다. (birthday party)

4 페드로는 그의 비싼 자동차를 자랑한다. (niyá: 후부수식 소유격)

5 내일까지 이 책을 당신에게 돌려드리겠습니다. (ibalík)

SEKSYON 12

MAKA동사·의사동사

Nakakákáin akó ng Kimchi.

나는 김치를 먹을 수 있다.

Usapan

12-1

Nakakákáin akó ng Kimchi. 나는 김치를 먹을 수 있다.

Nakakábása ng wikang Pransés ang anák niná G. at Gng. Martin. 마틴 부부의 아이는 불어를 읽을 수 있다.

Makakáupô ang maysakít bukas. 그 환자는 내일 앉을 수 있을 것입니다.

Nakahuli ang maygawâ ng damít ng magnanakaw kagabí. 그 의류 제조업자는 지난밤 도둑을 잡을 수 있었다.

Nakapag-aral akó ng wikang Alemán sa Alemanya. 나는 독일에서 독일어를 배울 수 있었다.

Nakápúlot siyá ng isáng piso sa kalye. 그는 길에서 1페소를 주웠다.

Nakábilí akó ng bahay tatlóng taón na ang nakaraán. 나는 3년 전에 집을 살 기회가 있었다.

Dî ko alám kung matátawíd mo ang ilog na itó. 나는 네가 이 강을 건널 수 있을지 모르겠다.

Alám ko pô ang inyóng pangalan. 저는 당신의 이름을 알고 있습니다.

Kailangan ko ang gamót na itó. 나는 이 약이 필요하다.

Kilalá ko ang iyóng iná. 나는 너의 어머니를 알고 있다.

Galing kamí sa Korea noóng Enero. 우리는 지난 1월 한국에서 왔다.

Gustó ng taong itó ng isdâ. 이 사람은 생선을 좋아한다.

Gustó kitá. 나는 너를 좋아한다.

Maááring may-arì nitóng gusalì si G. Smith. 스미스 씨는 이 건물의 주인이 될 수 있다.

Ayaw ko ng bawang. 나는 마늘을 싫어한다.

Bukabularyo

Pranse 프랑스
Pransés 프랑스인, 프랑스어
maysakít 환자
maygawâ 제조업자
dî 아니다(**hindî**의 약어)
matawíd 건널 수 있다
may-arì 소유자, 주인
gusalì 건물, 빌딩
bawang 마늘
kawal 군인, 병사
hanapbuhay 직업
gawâ 만들어진, 제조된
maís 옥수수
alkalde 시장
kutà 요새, 진지
kaaway 적, 적군
bubog 깨진 유리조각
bola 볼, 공
masakít 아픈
tiyán 배, 복부
Hapón 일본, 일본인
wikang Hapón 일본어
letsugas 상추
damdamin 기분, 감정
problema 문제
básurahán 쓰레기통

kamatis 토마토
kamote 고구마
patatas 감자
petsay 배추
dagâ 쥐
bagay 물건, 항목, 아이템

Balarila

1 행위자중심 MAKA동사

어근의 의미에 '할 수 있다'라는 의미를 부여하는 가능동사와 '우연히 ~하다' 또는 '~할 기회를 갖다'라는 의미를 부여하는 우연(기회)동사로 구분한다.

(1) MAKA 가능동사

행위자중심 MAKA동사는 MAKA, MAKAPAG, MAKAPANG의 3가지 접두사를 활용한다. MAKA접두사는 MA동사(행위자중심)와 UM동사의 어근과 결합하고, MAKAPAG 접두사는 MAG동사의 어근과 결합하고, MAKAPANG접두사는 MANG동사의 어근과 결합한다.

◇활용 동사(예)

makabasa 읽을 수 있다
makabilí 살 수 있다
makakain 먹을 수 있다
makakita 볼 수 있다, 만날 수 있다
makakuha 얻을 수 있다
makahuli 잡을 수 있다
makaríníg 들을 수 있다
makatulog 잘 수 있다
makaupô 앉을 수 있다
makabenta 팔 수 있다
makapag-aral 공부할 수 있다
makapagsalitâ 말할 수 있다
makapagtanggól 지킬 수 있다, 방어할 수 있다
makapangisdâ 물고기를 잡을 수 있다
makapangaso 사냥할 수 있다
makapanghuli 잡을 수 있다

◇활용법(예: makaligò/makapagsalitâ/makapanghuli)

부정사: makaligò/makapagsalitâ/makapanghuli
과거: nakaligò/nakapagsalitâ/nakapanghuli
현재: nakakáligò/nakakápagsalitâ/nakakápanghúli
미래: makakáligò/makakápagsalitâ/makakápanghúli

⊙ 현재형과 미래형에서는 MAKA의 KA를 반복하고 악센트를 둔다.
⊙ MAKAPANG접두사는 앞에서 공부한 MANG접두사 활용 규칙과 동일함.

(2) MAKÁ 우연(기회)동사

악센트에 차이가 있는 행위자중심 MAKÁ 우연(기회)동사는 MAKÁ, MAKÁPAG, MAKÁPANG, MAGKÁ접두사를 사용하는 동사로 다시 구분한다.

◇활용동사(예)

makátápak 실수로 밟다
makákúha 구할 기회를 갖다
makátuklás 우연히 발견하다
makápúlot 우연히 줍다(마주치다)
makápangisdâ 고기를 잡을 기회를 갖다
magkábanggâ 실수로 충돌하다
makábilí 살 수 있는 기회를 갖다
makákíta 우연히 만나다
makátagpô 우연히 마주치다(만나다)
makápagbilí 팔 수 있는 기회를 갖다
magkásalubong 우연히 마주치다

◇동사 활용법(예: makátuklás/makápagbilí/makápangisdâ)

부정사: makátuklás/makápagbilí/makápangisdâ
과거: nakátuklás/nakápagbilí/nakápangisdâ
현재: nakákatuklás/nakákapagbilí/nakákapangisdâ
미래: makákatuklás/makákapagbilí/makákapangisdâ

2 MAY접두사

MAY접두사는 어근에 해당하는 내용의 소유자를 의미하는 명사를 의미한다.

maysakít 환자
maybahay 가정주부
maygawâ 제조업자

⊙ 접두사와 어근 사이를 하이픈(-)으로 연결하면 형용사가 된다.

may-sakít 아픈
may-gawâ 고용된
may-pag-asa 희망이 있는
may-asawa 결혼한

3 의사(疑似)동사

동사로 분류되지 않는 형용사나 명사가 본동사와 같은 기능을 수행하는 경우를 뜻한다. 필리핀어에는 의사동사를 이용하여 본동사 없이 문장을 완성하는 경우가 많다. 본동사가 없는 관계로 별도로 시간을 의미하는 부사적 표현이 없으면 현재를 의미한다.

(1) 종류(예)

어근	뜻
alám	~(사물, 사실관계, 장소)를 알고 있다
ayaw	~를 싫어하다
kaya	~를 할 수 있다
aywán(ewan)	모른다
kailangan	~를 필요로 하다
kilalá	~(사람)를 알고 있다
dapat	~여야 한다, ~이 틀림없다
galing	~부터 왔다
gustó	~를 좋아하다(마음에 들어 하다)
mahál	~를 사랑하다
ibig	~를 사랑한다, ~를 희망한다, ~를 원한다
nais	~를 사랑한다, ~를 희망한다, ~를 원한다
tagláy	~를 가지고 있다
kabisado	~를 숙지하고 있다(충분히 인식하고 있다)
maáarì	~가능성이 있다, ~이 될 수 있다
puwede	~가능성이 있다, ~이 될 수 있다

(2) 유의사항

1) dapat, maáarì, puwede는 2형식 또는 한정형 문장의 독립된 종속절과 연결될 경우로 연결사가 필요하다. 문장은 Dapat (na)+2형식 문장, Maáaring(Puwedeng)+2형식 문장이 되며, dapat는 na를 생략할 수 있다.

   Dapat (na) gurò ang estudyanteng itó. 이 학생은 교사가 되어야 한다.

   Dapat kang kawal para sa iyóng hanapbuhay. 너는 직업 군인이 되어야 한다.

2) gustó, ibig, nais, ayaw, kailangan의 경우, 행위대상이 보통명사이면서 특정한 사물이거나 종류 전체를 의미할 때는 ang을 사용하고, 불특정한 사물이거나 특별한 의미를 부여하지 않을 때는 ng을 사용한다.

   Ayaw ko ng tinapay. 나는 빵을 싫어한다.

   Ayaw ko ang tinapay na gawâ sa maís. 나는 옥수수로 만든 빵을 싫어한다.

(3) 강조

연결사를 반복 사용하여 의미를 강조한다.

gustúng-gustó 매우 좋아하다 ayaw na ayaw 매우 싫어하다
kayang-kaya 잘 할 수 있다 kailangang-kailangan 대단히 필요하다

Kayang-kaya mo ang Filipino. 너는 필리핀어를 잘 할 수 있다.
Ayaw na ayaw ko ang kandidatong iyón. 나는 저 후보자를 대단히 싫어한다.

(4) 비교급: mas(lalong)+의사동사+kaysá sa/kay

Mas(Lalong) gustó ni Mary ang aso kaysá sa pusà.
매리는 고양이보다 개를 더 좋아한다.

(5) 최상급: pinaka+의사동사

Sino ang pinakakilalá ninyó sa kaniláng lahát?
당신은 그들 모두에서 누구를 가장 잘 알고 있습니까?

Pagpapahayag

12-2

Akó ay nakakápagsalitâ ng wikang Hapón.
나는 일본어를 말할 수 있다.

Makakápangisdâ tayo sa dagat bukas. 우리는 내일 바다에서 고기를 잡을 수 있을 것이다.

Makakákíta tayo ng alkalde ng lungsód bukas.
우리는 내일 시장을 만날 수 있을 것이다.

Nakapagtanggól pô kamí ng kutà laban sa kaaway kagabí.
우리는 어젯밤 적군에 대항하여 진지를 방어할 수 있었습니다.

Nakátápak akó ng bubog sa sala. 나는 거실에서 실수로 깨진 유리 조각을 밟았다.

Kilalá siyá ng mgá tao. 사람들이 그를 알고 있다.

Alám ko kung bakit masakít ang tiyán niyá.
나는 그의 배가 왜 아픈지 안다.

Gustó ko ang letsugas. 나는 상추를 좋아한다.

Mahál kitá. 나는 너를 사랑한다.

Aywán ko kung anó iyán. 나는 그것이 무엇인지 모른다.

Dapat (na) ikáw ang boss namin. 너는 우리들의 보스여야 한다.

Kaya mo iyán bukas. 너는 내일 그것을 할 수 있을 것이다.

Kailangang-kailangan ko ng pera ngayón.
나는 지금 돈이 절대적으로 필요하다.

Tagláy ko ang magandáng damdamin sa iyó.
나는 너에게 좋은 감정을 가지고 있다.

Kabisado ko ang iyóng mgá problema. 나는 너의 문제들을 충분히 인식하고 있다.

Mas kilalá kitá kaysá kay Pedro. 나는 페드로보다 너를 더 잘 알고 있다.

Sino ang pinakagustó mo sa klase? 너는 학급에서 누구를 가장 좋아하느냐?

Pagsasanay

1 아래 보기에서 알맞은 단어를 골라 문장을 완성하세요.

1 ________ mo ________ ________ anó ang bagay ________ iyón?

너는 저것이 무엇인지 아느냐?

2 ________ mo ________ papél na ________ sa básurahán.

이 종이를 쓰레기통에 버려라.

3 ________ ________ ba ng kamatis sa ________?

너는 시장에서 토마토를 살 수 있느냐?

4 ________ ________ ko ang kamote ________ sa patatas.

나는 감자보다 고구마를 좋아한다.

5 ________ na mahál ________.

나는 너를 매우 사랑한다.

6 ________ akó ________ marami ________ sa tulong ________ kahapon.

나는 어제 그의 도움으로 물고기를 많이 잡을 수 있었다.

보기

ⓐ Alám ⓑ ang ⓒ ba ⓓ dahil ⓔ gustó ⓕ Itapon ⓖ itó
ⓗ ka ⓘ kaysá ⓙ kitá ⓚ kung ⓛ Mahál ⓜ Makakábilí
ⓝ Mas ⓞ na ⓟ Nakapangisdâ ⓠ nang ⓡ niyá ⓢ palengke

2 아래 문장을 필리핀어로 작문하세요. (2형식 문장, 제시된 단어나 용어를 따를 것)

1 너는 시장에서 배추를 팔 수 있을 것이다. (MAKA동사)

---

2 나는 언제 당신을 뵐 수 있습니까?(MÁ동사)

---

3 그는 쥐를 매우 싫어한다. (의사동사)

---

4 나는 선생님 때문에 한국어를 말할 수 있다. (MAKA동사)

---

5 저는 일본어를 빠르게 쓸 수 있습니다. (MA동사)

SEKSYON 13

AN동사

너는 버스정류장으로 가거라.

Puntahán mo ang himpilan ng bus.

Usapan

13-1

Puntahán mo ang himpilan ng bus kaagád. 너는 즉시 버스정류장으로 가거라.

Bigyán mo akó ng isáng baso ng malamíg na tubig.
시원한 물 한 잔 줘.

Sinulatan mo ba ang aking maysakít na kaibigan?
너는 나의 아픈 친구에게 편지를 썼느냐?

Nilagyán ko ng mainit na tubig ang kaldero.
나는 냄비에 뜨거운 물을 부었다.

Inalisán ng iná ng prutas ang sanggól niyá. 엄마는 그녀의 아기에게서 과일을 치웠다.

Pinagsulatan ng lalaki ng pangalan ni Krus ang pisara.
그 남자는 크루스의 이름을 칠판에 썼다.

Kinamatayán ng lolo ko ang ospitál. 나의 할아버지는 병원에서 돌아가셨다.

Tinulugan ko ang tolda kagabí. 나는 어젯밤 텐트에서 잤다.

Pinagtamnán ko ng labanós ang likurán ng bahay.
나는 집 뒤뜰에 무를 심었다.

Madalî kong paglutuan ang kawaling iyán.
나는 그 프라이팬으로 쉽게 요리한다.

Pagtúturúan niyá ng wikang Filipino ang páaraláng itó.
그는 이 학교에서 필리핀어를 가르칠 예정이다.

Tikmán mo ang pagkain na itó. 이 음식 맛을 좀 보아라.

Pinag-isipan mo ba iyán nang mabuti? 너는 그것을 잘 생각해 보았느냐?

Pinagtítiwaláan kitá. 나는 너를 믿는다.

Buksán mo ang tarangkahan. 대문(철문)을 열어라.

Náintindihán mo ba ang sinabi ko? 내가 말한 것을 이해했느냐?

Bukabularyo

himpilan 정류장
kaagád 즉시
kaldero 냄비
prutas 과일
pisara 흑판, 칠판
tolda 텐트, 천막
labanós (식물)무
madalî 쉬운, 빠른
likurán 뒤뜰
kawalì 프라이팬
tarangkahan 철문, 대문
padér 벽
biyahe 여행
isla 섬
tulâ 시, 운문
abakada 알파벳, 철자
sarili 자기, 자신
bunsô 막내
bintanà 창문
bagsák 깨진, 부서진
tasa 잔, 컵
kapé 커피
pamintá 후추
asín 소금
bangaan 충돌
trak 트럭, 화물차

katotóhánan 진실, 사실
lahát 전부, 모두
nobya 약혼녀
nobyo 약혼한 남자
museo 박물관
pamasahe 운임, 차비
sanggól 아기

Balarila

1 AN(HAN)동사

비행위자중심동사 중 AN(HAN)접미사를 활용하는 AN(HAN)동사는 방향중심동사, 장소중심동사, 행위대상중심동사로 구분할 수 있다.

(1) 방향중심 AN(HAN)동사

간접목적격 인칭대명사, 전치사 sa로 표현되는 방향 그리고 간접 목적어를 주격으로 문장을 구성하며, '~로, ~에게, ~에서' 등의 방향 중심적인 의미를 어근에 부여한다.

◇활용 동사(예)

부정사/명령	과거	현재	미래	뜻
abután	inabután	ináabután	áabután	넘겨주다, 건네주다
alagaan	inalagaan	ináalagáan	áalagáan	돌보다
anyayahan	inanyayahan	ináanyayáhan	áanyayáhan	초대장을 보내다
asnán(asín)	inasnán	ináasnán	áasnán	소금을 치다
ayawán	inayawán	ináayawán	áayawán	거부하다
basahan	binabasahan	binábasáhan	bábasáhan	읽어 주다
bawasan	binawasan	binábawásan	bábawásan	감소하다, 줄어들다
bihisan	binihisan	biníbihísan	bíbihísan	(옷)갈아입히다
bigyán(bigáy)	binigyán	biníbigyán	bíbigyán	주다
butasan	binutasan	binúbutásan	búbutásan	구멍을 뚫다
kunan(kuha)	kinunan	kinúkúnan	kúkúnan	가져오다
dalhán(dalá)	dinálhán	dinádalhán	dádalhán	가져가다
lagyán(lagáy)	nilagyán	nilálagyán	lálagyán	놓다
palitán	pinalitán	pinápalitán	pápalitán	바꾸다, 교환하다
regaluhan(regalo)	niregaluhan	niréregalúhan	réregalúhan	선물하다
saktán(sakít)	sinaktán	sinásaktán	sásaktán	상처를 입히다
samahan	sinamahan	sinásamáhan	sásamáhan	동반하다
sulatan	sinulatan	sinúsulátan	súsulátan	쓰다
takpán(takíp)	tinakpán	tinátakpán	tátakpán	덮다
tamnán(taním)	tinamnán	tinátamnán	tátamnán	심다
tawagan	tinawagan	tinátawágan	tátawágan	전화하다

tawanan(tawa)	tinawanan	tinátawánan	tátawánan	놀리다
tingnán	tiningnán	tinítingnán	títingnán	보다
upahan	inupahan	inúupáhan	úupáhan	빌리다

⊙( )는 불규칙하게 변한 동사의 원래 어근을 의미한다.
⊙AN접미사는 어근의 마지막 문자가 자음이거나 성문폐쇄 악센트 모음일 경우 사용한다.
⊙HAN접미사는 어근의 마지막 문자가 성문폐쇄 악센트가 아닌 모음일 경우 사용한다.
⊙과거형과 현재형은 IN을 접두사나 삽입사로 활용하여 시제를 표현하며, 어근의 첫 문자가 l, r, y일 경우 in 대신 ni를 접두사로 사용한다.

(2) 장소중심 AN동사

AN(-HAN)접미사, KA-AN(HAN)복합사, PAG-AN(HAN)복합사, PANG-AN(HAN)복합사를 활용하는 동사로 구분할 수 있으며, 어근에 '~에서'의 장소중심적인 의미를 부여한다. 방향중심동사는 임의의 장소를 향해 움직이는 의미를 가지고 있는 반면에, 장소중심동사는 장소 변경 없이 행위가 이루어지는 의미를 가지고 있다.

1) 비행위자중심인 장소중심동사와 행위자중심동사와의 연관성

AN(HAN)동사 ↔ MA동사
KA~AN(HAN)동사 ↔ MA동사
PAG~AN(HAN)동사 ↔ UM동사, MAG동사
PANG~AN(HAN)동사 ↔ MANG동사

2) 활용 동사(예)

tirahán ~에 거주하다, 살다
kamatayán(← patáy) ~에서 죽다
tulugan(← tulog) ~에서 자다
kainan ~에서 식사를 하다(식당 등)
hintuan(← hintô) ~에서 정차하다, 정지하다
pagkainan ~으로 식사를 하다(사용한 그릇 등)
paglutuan(← lutò) ~으로 요리하다(프라이팬 등)
paglagyán(← lagáy) ~에 두다, 보관하다
paglabhán(← labá) ~에서(~로) 세탁하다
pagsulatan ~에서 쓰다
pagtamnán(← taním) ~에 심다
pagturuan(← turò) ~에서 배우다
pamalengkehan(← palengke) ~에서 시장을 보다(쇼핑을 하다)
pamangkaan(← bangkâ) ~에서 배를 타고 유람하다

pamasyalán(← pasyál) ~에서 산책하다
pangyarihan ~에서 발생하다
pangisdaan ~에서 고기를 잡다

3) 활용법(예: tirahán/paglagyán/pamasyalán/pangyarihan)

부정사/명령: tirahán/paglagyán/pamasyalán/pangyarihan
과거: tinirahán/pinaglagyán/pinamasyalán/pinangyarihan
현재: tinítirahán/pinaglálagyán/pinamámasyalán/pinangyáyaríhan
미래: títirahán/paglálagyán/pamámasyalán/pangyáyaríhan

(3) 행위대상중심 AN동사

AN(HAN)접미사, MÁ-AN(HAN)복합사, PAG-AN(HAN)복합사를 활용하는 동사로 구분할 수 있다.

1) 활용 동사(예)

buksán(bukás) 열다
hugasan 씻다(세척하다)
punasan 닦다(훔치다)
tikmán(← tikím) 맛보다
máintindihán 이해하다
máramdamán(damdám) 느끼다
pag-aralan 공부하다
pagpasensiyahan 참다(인내하다)
pagtiwalaan 믿다(신뢰하다)
pagtawanán(← tawa) 조롱하다(놀리다)
bayaran(bayad) 지불하다
labhán(labá) 세탁하다
sundán(sunód) 따르다, 추종하다
tulungan(← tulong) 돕다
máláman(alám) 알게 되다, 알다
pag-isipan 깊이 생각하다
pag-usapan 얘기하다(토의하다)
pagkasunduan 합의하다(찬성하다)
pagsabihan 질책하다(나무라다)

2) 활용법(예: máintindihán)

부정사/명령: máintindihán
과거: náintindihán
현재: náiintindihán
미래: máiintindihán

⊙ AN(HAN)접미사와 PAG-AN(HAN)복합사의 활용법은 방향중심 및 장소중심접사와 동일함.

Pagpapahayag

13-2

Tátawágan kitá bukas. 나는 내일 너에게 전화하겠다.

Binábasáhan ng iná ng tulâ ang anák. 어머니가 아이에게 시를 읽어 주고 있다.

Sinúsulátan ng batà ng abakada ang padér. 어린이가 벽에 알파벳을 쓰고 있다.

Ang Mahogani Highway ang pinangyarihan ng aksidenteng iyán. 그 사고가 발생한 장소는 마호가니 하이웨이다.

Pinagkákaínan ng mgá estudyante ng tanghalian ang mgá mangkók na iyán. 학생들은 그 그릇들로 점심을 먹는다.

Kinainan natin ng hapunan ang restaurang itó kahapon. 우리는 어제 저녁 식사를 이 식당에서 먹었다.

Pinagsúsulátan ko ng sulat sa kanyá ang mesa. 나는 책상에서 그녀에게 편지를 쓰고 있다.

Pinamalengkehan ng iná ko ang MOA(Mall Of Asia) kahapon. 나의 어머니는 어제 MOA에서 쇼핑을 하였다.

Dapat ninyóng sundán ang itinurò ko. 너희들은 내가 가르친 것을 준수하여야 한다.

Gustó kong pag-aralan ang kantá at sayáw. 나는 춤과 노래를 배우고 싶다.

Pinagkasunduan ng lahát ang programa. 그 프로그램을 모두가 합의하였다.

Pinagpápasensiyáhan ni Juan ang ingay ng mgá batà. 후안은 아이들이 내는 소음을 참고 있다.

Pagtiwalaan mo akó. 나를 믿어라.

Pag-úusápan natin ang biyahe sa isla bukas. 우리는 내일 섬으로 가는 여행을 토의할 예정이다.

Binuksán ng bunsô ko ang bintanà. 나의 막내가 창문을 열었다.

Binayaran ko na iyán. 나는 이미 그것을 지불했다.

Hinugasan ko ang kotse sa sarili. 나는 내 차를 직접 세차했다.

Labhán mo ang mgá damít ko. 나의 옷들을 세탁해라.

Pagsasanay

1 아래 보기에서 알맞은 단어를 골라 문장을 완성하세요.

1 ______ ko ______ ______ bagsák na tasang kapé ______.
당신의 깨진 커피 잔을 즉시 바꾸어 드리겠습니다.

2 ______ mo ______ ng pamintá at ______.
후추와 소금을 나한테 건네줘.

3 ______ ang ______ ang bangaan ng ______ trak?
트럭들의 충돌사고가 발생한 곳이 어디냐?

4 ______ pô ______ ang ______ ng sinabi ______.
제가 한 말의 진실을 믿어 주십시오.

5 ______ mainit, ______ ng mgá ______ ang lahát ng ______.
덥기 때문에 학생들이 창문을 전부 열었다.

보기

ⓐ Abután ⓑ akó ⓒ ang ⓓ asín ⓔ bintanà ⓕ binuksán
ⓖ Dahil ⓗ estudyante ⓘ kaagád ⓙ katotóhánan ⓚ ko
ⓛ mgá ⓜ ninyó ⓝ Pagtiwalaan ⓞ Pápalitán ⓟ Pinangyarihan
ⓠ pô ⓡ Saán

② 아래 문장을 AN동사를 사용하여 필리핀어로 작문하세요. (2형식 문장)

1 나는 너를 믿지 않는다.

---

2 날씨가 추우니까 창문을 열지마라.

---

3 나는 어제 약혼녀에게 편지를 썼다.

---

4 나는 모레 그 박물관에 갈 예정이다.

---

5 서울까지 차비가 얼마인지 알고 싶다.

SEKSYON 14

존재·소유

동굴 속에 사람이 있다.

Mayroóng tao nasa loób ng kuweba.

Bukabularyo

kuweba 동굴

punò 나무

punò ng saging 바나나 나무

ilalím 밑, 바닥

ibabaw 위, 윗면

singsíng 반지

maligaya 행복한, 즐거운

pulút-gatâ 신혼여행

gatâ 코코넛 우유

pamburá 지우개

pasô 화분

noón 그때, 그 당시

armás 무기

lamang(=lang) 오직, ~뿐

kauntî(=kontî) 조금, 약간

kalye 길, 도로

saingáng de-kuriente 전기밥솥

gasolina 휘발유

tangke 통, 탱크

supot 부대, 자루

ínúmin 마실 것, 음료

gitnâ 가운데, 중간

pagitan 사이, 간격

dulo 끝, 끝단, 마지막

unahán 시작, 선두, 앞

Usapan

14-1

Mayroóng tao(=May tao) nasa loób ng kuweba. 동굴 속에 사람이 있다.

Opò, merón./Hindî pô, walâ. 네, 있습니다./아니요, 없습니다.

Mayroón pô bang mgá tao nasa simbahan? 교회에 사람들이 있습니까?

May mgá bisita kahapon. 어제 손님들이 있었다.

May klase ba bukas? 내일 수업이 있느냐?

Mayroóng larô(= May larô) mámayâ rito. 나중에 여기에 시합이 있을 것이다.

May bahay akó(=Akó ay may bahay) sa Pilipinas. 나는 필리핀에 집을 가지고 있다.

May singsíng na mahál akó. 나는 비싼 반지를 가지고 있다.

Násaán ka?/Nasa pálikuran akó. 너 어디 있어?/화장실에 있어.

Násaán pô si Maria? 마리아는 어디에 있습니까?
Nasa labás ng bahay siyá. 그녀는 집 밖에 있어.

Nagkaroón ang anák ko ng pera noón. 나의 아이는 그때 돈을 가지고 있었다.

Nais kong magkaroón ka ng maligayang pulút-gatâ. 나는 네가 행복한 신혼여행을 하기를 기원한다.

Walâ kamíng armás. 우리는 무기를 가지고 있지 않다.

Walâng armás sa kanilá. 그들에게는 무기가 없다.

Marami siyáng pera. 그는 돈을 많이 가지고 있다.

Maraming pera sa kanyá. 그에게는 돈이 많다.

Kauntî(=Kontî) lamang ang aking pera. 내 돈은 조금 뿐이다.

Kontîng pera sa akin. 나에게 약간의 돈이 있다.

Balarila

1 존재와 소유를 의미하는 may와 mayroón

둘 다 '있다, 존재하다'와 '소유하다, 가지다'의 의미를 가지고 있으나, 현재 이외의 시제는 나타낼 수 없으므로 미래나 과거시제를 나타내기 위해서는 별도의 부사(구)가 첨부되어야 한다. 회화체에서는 mayroón[마이로온]을 merón[메론]으로 자주 사용한다.

(1) 존재

⊙ May+존재대상: May는 전치사와 같은 개념으로 존재대상과 직접 연결 한다.

⊙ Mayroóng+존재대상: 의사동사와 같은 개념으로 Mayroón과 존재대상 사이에는 대명사, 전치부사(의문조사 ba 포함)가 연결사와 함께 위치한다.

May isáng kotse. (=Mayroóng isáng kotse.) 차가 한 대 있다.

Mayroón pa bang aklát(=May aklát pa ba) nasa ibabaw ng mesa?
책은 아직 책상 위에 있느냐?

(2) 소유

1) May+소유대상+소유자

2) Mayroón+소유자(주격대명사+연결사)+소유대상

3) Mayroóng+소유대상+소유자(주격보통명사/인명/지명)

May bagong pamburá siyá. 그녀는 새 지우개를 가지고 있다.

Mayroón pô ba kayóng bagong kotse? 당신은 새 차를 가지고 있습니까?

Mayroóng dalawáng anák na babae si Gng. Santos.
산토스 부인은 딸이 둘 있다.

2 존재대상의 위치

(1) Nasa+장소+존재대상

Násaán ang pasô?
꽃병은 어디에 있느냐?

Nasa mesa iyán.
그것은 탁자에 있다.

tabí 곁, 옆
haráp 앞, 전면
ahás 뱀
kambíng 염소
lagnát 열, 발열
salapî 돈, 금전
sakunâ 사고
kambál 쌍둥이
sipón 감기
bató 돌, 바위, 암석
buhay 인생, 삶
bote 병, 물병
bulsá 주머니

(2) '여기에(거기에, 저기에) 있다.'

nárító(nanditó), náriyán(nandiyán), nároón(nandoón)

* 제04과, 지시대명사 파생어 참고

(3) 구체적인 위치: Nasa+위치+ng+장소+존재대상

Nasa loób ng ~: ~의 안(내부)에 있다
Nasa itaás ng ~: ~의 위(위쪽)에 있다
Nasa ibabaw ng ~: ~의 위에 있다
Nasa haráp ng ~: ~의 앞(전면)에 있다
Nasa dulo ng ~: ~의 끝(마지막)에 있다
Nasa gitnâ ng ~: ~의 중간에 있다
Nasa tabí ng ~: ~의 옆에 있다

Nasa labás ng ~: ~의 밖(외부)에 있다
Nasa ibabâ ng ~: ~의 밑(아래)에 있다
Nasa ilalim ng ~: ~의 밑(바닥)에 있다
Nasa likód ng ~: ~의 뒤에 있다
Nasa unahán ng ~: ~의 앞(선두)에 있다
Nasa pagitan ng ~: ~의 사이에 있다

3 magkaroón과 magka+소유대상

행위자중심 magkaroón 동사는 '~를 가지다'라는 뜻을 확실하게 표현하는 단어이다. 또한, magka접두사를 소유대상과 바로 결합하여 편리하게 활용하기도 한다. 존재사 may와 mayroón은 소유하는 상태만 표현할 뿐, 시제를 나타내지 못하는 반면에 'magka+소유대상'과 magkaroón은 시제 표현이 가능하다.

◇활용법(magkaroón ng pera = magkapera: 돈을 가지고 있다)

부정사: magkaroón ng pera = magkapera
명령: magkaroón ng pera = magkapera
과거: nagkaroón ng pera = nagkapera
현재: nagkákaroón ng pera = nagkákapéra
미래: magkákaroón ng pera = magkákapéra

4 walâ

단순형용사의 기능뿐만 아니라 mayroón과 같은 개념의 의사동사로 활용된다.

(1) 없다, 존재하지 않다

Waláng bulaklák sa hardín. 정원에는 꽃이 없다.
Walâ bang tao sa labás? 바깥에 아무도 없어?

(2) 가지고 있지 않다

Walâ ka bang pera? Oo, walâ./Hindî, merón./Walâ.
너는 돈이 없느냐? 응, 없어./아니, 있어./없어.

Waláng anák na lalaki si Pedro. 페드로는 아들이 없다.

Walâ pa akóng bahay. 나는 아직 집을 소유하지 않고 있다.

5 marami

단순형용사의 기능뿐만 아니라 mayroón과 같은 개념의 의사동사로 활용된다.

(1) 많이 있다

Maraming batà sa kalye kahapon. 어제 거리에는 많은 어린이들이 있었다.

Marami pang kanin sa saingáng de-kuriente. 전기밥솥에 아직 밥이 많이 있다.

(2) 많이 가지고 있다

Marami pang pera si Tom. 톰은 아직 돈을 많이 가지고 있다.

Marami tayong bigás ngayón. 우리는 지금 쌀을 많이 가지고 있다.

Maraming kaibigan ang anák kong lalaki. 나의 아이는 친구가 많다.

6 kauntî(=kontî)

'조금 있다'와 '조금 가지다'의 의미로 사용되는 단순 형용사

Kontíng gasolina sa tangke 연료통에 있는 약간의 휘발유

Kontî ang bigás sa supot. 부대에 쌀이 조금 있다.

Kontî ang tao sa aplaya. 해변에 사람이 약간 있다.

Kauntî lang ang ínúmin ko. 나의 음료수는 조금뿐이다.

7 존재사

(1) 종류: may, mayroón, walâ, marami

(2) 존재와 소유를 함께 표현하기 때문에 다양한 용도로 일상생활에 자주 사용된다.

⊙ 존재사의 사용방법에 대해 제20과에 상세히 설명되어있으니 참고할 것

Pagpapahayag

14-2

Meróng ahás(=May ahás) nasa ilalím ng punò ng saging. 바나나 나무 밑에 뱀이 있어.

May sunog ba(=Mayroón bang sunog) sa bayan kagabí? 어젯밤에 시내에 화재가 있었어?

Mayroón pa ba siyáng lagnát? 그는 아직 열이 있어?

Walâ na. 이제는 없어.

May isáng kambíng sa likód ng bahay. 집 뒤에 염소 한 마리가 있다.

Mayroóng mgá laruán ang batang iyán. 그 아이는 장난감들을 가지고 있다.

Mayroón siláng salapî ngayón. 그들은 지금 돈을 가지고 있다.

May sakít ka ba? 너는 병이 있느냐?

Mayroón din siyáng bagong kotse. 그도 역시 새 차를 가지고 있다.

Nasa itaás ng pintô ang larawan ng amá ko. 문 위에 나의 아버지 사진이 있다.

Nasa ilalim ng dagat isáng malakíng bató. 바다의 바닥에 큰 바위가 하나 있다.

Nagkaroón siyá ng sakunâ(=Nagkasakunâ siyá) kaninang umaga. 그는 오늘 아침 사고를 당했다.

Dapat kayóng magkaroón ng anák. (=Dapat kayóng magkaanák.) 너희들은 아이를 가져야 한다.

Nagkaroón ang babae ng sipón. (=Nagkasipôn ang babae.) 그 여자는 감기에 걸렸다.

Nagkaroón siyá ng anák na kambál. =Nagkaanák siyá ng kambal. 그 여자는 쌍둥이를 낳았다.

Marami ka bang pera ngayón? 너는 지금 많은 돈을 가지고 있느냐?

Oo, marami./Hindî, kontî lang. 응, 많아./아니, 조금만.

Pagsasanay

1 아래 보기에서 알맞은 단어를 골라 문장을 완성하세요.

1 ______ pa ______ ______ nasa bote?
아직 병에 물이 있어?

2 ______ pera ______ ______ sa bulsá?
너는 주머니에 돈을 가지고 있느냐?

3 ______ ay may sombrero ______ ______ ng kotse.
그는 차 안에 모자를 가지고 있다.

4 ______ kong ______ ka ng masayáng ______ sa Korea.
나는 네가 한국에서 행복한 삶을 갖기를 기원한다.

5 ______ ______ bahay sa Pilipinas.
나는 필리핀에 집을 많이 소유하고 있다.

6 ______ ang ______ nasa loób ng ______ maleta?
그의 가방 속에 가지고 있는 게 뭐냐?

보기

ⓐ akóng ⓑ Anó ⓒ ba ⓓ bang ⓔ buhay ⓕ ka
ⓖ kanyáng ⓗ loób ⓘ magkaroón ⓙ Marami ⓚ May
ⓛ Mayroón ⓜ nagkákaroón ⓝ Nais ⓞ nasa ⓟ tubig ⓠ Siyá

2 아래 문장을 필리핀어로 작문하세요. (2형식 문장, 제시된 단어나 용어를 따를 것)

1 나는 시골에 오두막 한 채를 갖고 싶다. (magkaroón)

2 그가 가지고 있는 계란은 몇 개냐? (mayroón)

3 책상 위에 책이 두 권 있다. (may)

4 나는 차를 세 대 가지고 있다. (mayroón)

5 나는 지갑에 돈을 가지고 있지 않다. (salapî)

6 그는 필리핀에 많은 친구를 가지고 있다.

SEKSYON 15

사역 동사

Nagpagawâ akó ng bahay.

나는 집을 짓게 했다.

Usapan

15-1

Nagpagawâ akó ng bahay sa probinsya. 나는 시골에 집을 짓게 했다.

Gustó ko pong magpagupít. 이발을 하고 싶습니다.

Sino ang magpápakáin sa bisiro ng kabayo? 누가 망아지에게 먹이를 줄 예정이냐?

Pinag-ayos niyá akó ng silíd-kainán. 그는 나에게 식당을 정리시켰다.

Papuntahín mo ang mgá trabahadora rito. 여성 근로자들을 여기로 오게 해라.

Pinatátawa silá ng komedyante. 그 익살꾼은 그들을 웃게 하고 있다.

Pinabuksán ng iná sa katulong ang kahón ng mgá bagay na pangkusina. 어머니는 식모에게 부엌용품들 상자를 열라고 시켰다.

Ipaááyos ng titser sa mga estudyante ang silíd-aralán. 선생님은 학생들에게 교실을 정돈시킬 예정이다.

Ipabasa mo ang balità sa diyaryo sa kanyá. 그에게 신문의 뉴스를 읽도록 시켜라.

Pinaturuan ko kay Juan ng Tagalog ang aking anák. 나는 후안이 나의 아이에게 따갈로그어를 가르치게 하였다(시켰다.)

Pinatingnán ko sa doktór ang asawa ko. 나는 의사에게 나의 아내를 검사하게 하였다.

Pang-ospitál ang damít na itó. 이 옷은 병원에서 사용하는 것이다.

Gustó ko pong magpareserba ng isáng mesang pang-apatan na tao. 4인용 식탁 하나를 예약하고 싶습니다.

Nang batà pa akó, mahirap ang pamilya ko. 내가 아직 어렸을 때, 나의 가족은 가난했다

Nang dumatíng si Tom, umalís si Jose. 톰이 도착했을 때, 호세는 떠났다.

Nang ikáw ay ibigin ko, ang mundó ko'y bigláng nagbago. 네가 나의 연인이 되었을 때, 나의 세상은 갑자기 변했다.

Bukabularyo

gupít 이발
bisiro (동물의)새끼
kabayo 말
bisiro ng kabayo 망아지
silíd 방, 격실
silíd-kainán 식당
trabahadora (여성) 노동자
komedyante 익살꾼, 해학가
balità 소식, 정보
kahón 상자
kusina 부엌
pangkusina 부엌용의
magpareserba 예약하다
ibigin 사랑하다
mundó 지구, 세상
magbago 변하다
biglâ 갑작스런, 돌발적인
pálaruan 운동장
checkup (영어)검사, 검진
Intsík 중국사람, 중국말
wikang Intsík 중국어
upa 임대, 차용
kapatíd 형제, 자매, 남매
nakabábátang kapatíd 손아래 형제/자매/남매
palapág (건물)층

kapote 우의, 비옷

tindahan 가게

libro 책

suweldo 월급, 급료

matrikulá 수업료, 등록금

pangmatrikulá 등록금용의

mádapâ 넘어지다, 앞으로 쓰러지다

isilang 태어나다

tuwâ 행복, 즐거움

tuwáng-tuwâ 매우 행복한

sariling-bayan 고향, 조국

Balarila

1 사역동사

사역동사는 능동태 문장의 행위자중심 사역동사와 수동태문장의 비행위자중심 사역동사로 구분한다. 어근의 의미에 '시키다, 하게하다, 하도록 하다'의 의미를 부여한다.

(1) 행위자중심 사역동사

행위자중심 동사(UM, MAG, MA동사 등)의 어근에 MGAPA접두사를 결합한다.

◇활용 동사(예)

magpakain 먹이다, 먹게 하다
magpainit 데우다, 뜨거워지게 하다
magpagawâ 만들도록 시키다
magpalamíg 차게 하다, 식히다
magpalutò 요리를 시키다
magpatakbó 달리게 하다
magpaturò 가르치게 하다, 가르쳐 달라고 요청하다
magpagupít 이발하다
magpamasahe 마사지를 받다
magpatulong 돕게 하다
magpalabá 세탁을 시키다
magpabilí 사게 하다
magpa-checkup 건강검진을 받다
magpanoód 보게 하다, 시청시키다, 관람시키다

◇동사 활용법(예: magpakain)

부정사(magpakain): magpa + 어근
명령(magpakain): magpa + 어근
과거(nagpakain): nagpa + 어근
현재(nagpápakáin): nagpápa+어근
미래(magpápakáin): magpápa + 어근

(2) 비행위자중심 사역동사

행위대상자중심 사역동사, 행위대상중심 사역동사, 방향중심 사역동사로 다시 구분한다.

1) 행위대상자중심 사역동사는 PA-IN(HIN), PAG-IN(HIN), PANG-IN(HIN)의 3가지 복합사를 활용하며, 행위대상자 중심이라는 의미는 사역을 당하는 대상자가 문장의 주격이 된다는 것을 의미한다.
PA-IN(HIN)복합사는 UM동사와 MA동사의 어근과 결합하고, PAG-IN(HIN)복합사는 MAG동사의 어근과 결합하고, PANG-IN(HIN)복합사는 MANG동사의 어근과 결합한다.

◇활용 동사(예)

pakainin ~에게 먹게 하다(식사를 시키다)
pakantahín ~에게 노래를 시키다(부르게 하다)
palamigín ~에게 ~를 식히게 하다
papaniwalain ~에게 ~를 믿게 하다

pasayahín ~를 행복하게 해주다
patawahin(← tawa) ~를 웃게 하다(즐겁게 하다)
pag-ayusin(← ayos) ~에게 정돈시키다
pagsalitain ~에게 말을 시키다(연설을 시키다)
painumín(← inóm) ~에게 마시게 하다
paglutuin(← lutò) ~에게 요리를 시키다(음식을 만들게 하다)
papuntahín ~에게 오게(가게) 하다
paghintayin ~에게 기다리게 하다
pag-aralin ~에게 공부시키다
pangisdain ~에게 고기를 잡게 하다

⊙ pag가 접두사이고 어근의 첫 철자가 모음일 경우, 연자부호(-)를 삽입한다.

◇동사 활용법(예: pakainin/pag-aralin/pangisdain)

부정사/명령: pakainin/pag-aralin/pangisdain
과거: pinakain/pinag-aral/pinangisdâ
현재: pinakákáin/pinag-ááral/pinangíngisdâ
미래: pakákaínin/pag-áarálin/pangíngisdáin

2) 행위대상중심 사역동사는 IPA, PA-AN(HAN) 접사를 어근에 결합한다. 행위대상 중심이라는 의미는 사역의 행위를 당하는 객체가 문장의 주격이 된다는 것을 의미한다.
IPA동사는 행위대상중심의 I동사 및 IN(IN)동사에 활용되는 어근과 결합하고, PA-AN(HAN)동사는 행위대상중심의 AN(HAN)동사에 활용되는 어근과 결합한다.

◇활용 동사(예)

ipagawâ ~을 ~에게 만들도록 시키다
ipaayos ~을 ~에게 정돈시키다
ipalutò ~에게 ~(음식)을 요리시키다
ipatapon ~을 ~에게 버리도록 시키다
pakasalán ~을 ~에게 결혼시키다
ipalagáy ~을 ~에 놓아지도록 ~에게 시키다
ipabasa ~을 ~에게 읽혀지도록 시키다
ipareserba ~에게 ~예약을 하게 하다
ipasundô ~에게 ~를 마중 나가도록 시키다
pahugasan ~을 ~에게 씻도록 시키다
pabuksán(← bukás) ~을 ~에게 열도록 시키다
palabhán(← labá) ~을 ~에게 세탁시키다
pabayaran(← bayad) ~을 ~에게 지불시키다
pasamahan ~에게 ~와 함께 가도록 시키다(동행시키다)

◇활용법(예: ipaayos/pahugasan)

부정사/명령: ipaayos/pahugasan
과거: ipinaayos/pinahugasan
현재: ipinaááyos/pinahúhugásan
미래: ipaááyos/pahúhugásan

3) 방향중심 사역동사는 PA-AN(HAN)복합사를 방향중심의 AN(HAN)동사에 사역의 의미를 부여한다. 수동태문장에서 행위방향의 대상이 주격이 됨을 의미한다.

◇활용 동사(예)

palagyán(← lagyán ← lagáy) ~에 놓도록(두도록) 시키다
papuntahán(← puntahán ← puntá) ~로 가도록 시키다
patingnán(← tingnán ← tingín) ~를 지켜보게 하다, ~를 검사하게 하다
patulungan(← tulungan ← tulong) ~에게 도움을 주도록 시키다
paturuan(← turuan ← turò) ~에게 가르쳐 주도록 시키다

◇활용법(예: patulungan)

부정사/명령: patulungan
과거: pinatulungan
현재: pinatútulúngan
미래: patútulúngan

2 용도와 수단을 의미하는 형용사용 PANG접두사

(1) 활용 형용사(예)

pambatà 어린이용의, 어린이를 위한
pang-apatan na tao 4인용의
pambayad 지불하기 위한
panlutò 요리를 위한
pantatluhán na tao 3인용의
pang-opisina 사무실용의
pansulat 필기용의, 쓰기 위한
pang-ospitál 병원용의

(2) 활용규칙

1) 어근의 첫 철자가 모음이면 하이픈(-)을 삽입한다.
2) 어근의 첫 철자가 d, l, r, s, t이면 pan으로 결합하고, b, p이면 pam으로, 그 외의 모든 철자는 pang으로 결합한다.

3 종속접속사 nang

⊙ 과거시점에 발생한 사실을 표현할 때 사용한다.
⊙ 종속절 내 동사는 부정사형이어야 하고, 항상 과거형으로 해석된다.

Pagpapahayag

15-2

Nagpatakbó siyá sa anák na lalaki niyá sa pálaruan.
그는 그의 아들을 운동장에서 달리게 하였다.

Nagpaturò si Rosa ng wikang Intsík sa titser.
로사는 선생님에게 중국어를 가르치도록 했다.

Nagpápa-checkup akó sa doktór buwán-buwán.
나는 매달 의사에게 건강검진을 받고 있다.

Pinakantá ni Maria si Juan sa party. 마리아는 후안을 파티에서 노래 시켰다.

Gustó kitáng pasayahín. 나는 너를 행복하게 해주고 싶다.

Pinag-ááral akó ni Tom ng Tagalog. 톰은 나에게 따갈로그어를 공부시키고 있다.

Hindî kitá puwedeng pakasalán. 나는 너와 결혼할 수 없다.

Pinabayaran ko ang upa ng bahay sa asawa ko.
나는 아내에게 집세를 지불하게 하였다.

Pasásamáhan kitá kay Pedro. 나는 페드로를 너와 동행하도록 시키겠다.

Ipinasúsundô ng nanay ang mgá nakakábátang kapatíd sa akin tuwíng gabí. 어머니는 매일 저녁 나에게 동생들을 마중 나가도록 시키신다.

Ipagágawâ ko sa kanila ang bahay na may dalawáng palapág.
나는 그들에게 이층집을 짓게 할 예정이다.

Papúpuntahán niyá sa akin ang tindahan ng libro.
그는 나에게 서점으로 가도록 시킬 것이다.

Ibigáy pô ninyó ang isáng kapoteng pambatà.
어린이용 우비를 하나 주십시오.

Ang aking suweldo ay pangmatrikula para sa mgá anák ko.
내 월급은 내 자식들을 위한 학교 등록금용이다.

Naglálarô kamí nang mádapâ akó. 내가 넘어졌을 때, 우리는 경기를 하고 있었다.

Nang sabihin niyá iyán, nagalit akó. 그 사람이 그것을 얘기했을 때, 나는 화가 났다.

Nang isilang ka sa mundóng itó, tuwáng-tuwâ ang mgá magulang mo.
네가 이 세상에 태어났을 때, 너의 부모는 매우 행복했다.

Pagsasanay

1 아래 보기에서 알맞은 단어를 골라 문장을 완성하세요.

1 __________ kong __________ __________ bahay sa __________ sariling-bayan.

나는 내 고향에 집을 짓게 하고 싶다.

2 __________ ang __________ sa __________ sa palengke?

누가 너에게 시장에 가도록 시켰느냐?

3 __________ umalís ang __________ na babae, __________ nang umiyák ang nanay.

딸이 떠났을 때, 어머니는 계속 울었다.

4 __________ akó ng __________ mesa na __________ na tao sa __________ ng bintanà.

나는 창문 옆에 있는 6인용 식탁 하나를 예약했다.

5 __________ mo ang mgá __________ ngayón __________.

닭들에게 즉시 모이를 먹여라.

보기

ⓐ aking ⓑ anák ⓒ ang ⓓ din ⓔ Gustó ⓕ ipagawâ
ⓖ isáng ⓗ iyó ⓘ nagpapuntá ⓙ manók ⓚ Nagpareserba
ⓛ Nang ⓜ Pakainin ⓝ pang-anim ⓞ Sino ⓟ tabí ⓠ umiyák

2 다음 문장을 행위자중심의 능동태문장으로 바꾸세요.

1 Pinag-ayos akó ng kuya ng kuwarto. 형이 나에게 방을 정리시켰다.

2 Pinatátawâ ng gurò ang mgá estudyante. 선생님은 학생들을 웃게 하고 있다.

3 Gustó ko siyáng pasayahín. 나는 그를 행복하게 해주고 싶다.

3 아래 문장을 필리핀어로 작문하세요. (2형식 문장, 제시된 단어나 용어를 따를 것)

1 어린이용 신발을 사고 싶습니다. (행위자중심)

2 너는 언제 비행기 표를 예약할 예정이냐?(행위자중심)

3 후안에게 노래를 시킵시다. (행위대상자중심)

4 그는 나에게 선생님께 가도록 시켰다. (행위방향중심, gurò)

SEKSYON 16

상태변환동사·원인중심동사

데이지는 의사가 되기 위해 공부하고 있다.

Nag-ááral si Daisy para magíng doktora.

Bukabularyo

para(=upang) ~하기 위해

unibersidád 대학교

tagapamahalà 관리자, 총장

koléhiyó 대학, 전문학교

gandá 아름다움, 미

yumaman 부자가 되다, 부유해지다

gumandá 예뻐지다, 좋아지다

kumita 벌다, 얻다

turò 가르침, 교육

tagaturò 가르치는 사람, 교사

embahada 대사관

sopá 소파

tumangkád 자라다, 커지다

lumusóg 건강해지다

man ~일지라도, 역시

talyér 차량 수리공장

kumpunihín 수리하다

preno 브레이크, 제동장치

mungkahì 제안, 의견

tagaprobinsya 지방 출신, 시골 출신

karamihan 대부분

tungkól sa ~에 관하여(대하여)

Usapan

16-1

Nag-ááral si Daisy sa unibersidád para magíng doktora.
데이지는 의사가 되기 위해 대학교에서 공부하고 있다.

Magiging tagapamahalà ng koléhiyó si Ginoóng Pedro.
페드로 씨는 그 대학의 학장이 될 것이다.

Nagiging mayaman siyá. (=Yumáyáman siyá.)
그는 부자가 되고 있다.

Magiging magandá ang panahón bukas.
(=Gagandá ang panahón bukas.) 내일 날씨는 좋아질 것이다.

Lumabás siyá upang mamasyál. 그는 산책하기 위해 밖으로 나갔다.

Nagtátrabáho akó sa págawaan para kumita ng pera.
나는 돈을 벌기 위해 공장에서 일하고 있다.

Akó ay tagaturò ng Tagalog. 나는 따갈로그어 담당교사이다.

Siyá ay tagarito. 그는 이 지역 출신이다.

Tawagan pô ninyó akó ng taga-embahada ng Korea.
저에게 한국 대사관의 직원을 불러 주십시오.

Ikinalúlugód ko pong mákíta kayó. 당신을 뵙게 되어 기쁩니다.

Ikinainóm ko ng gamót ang sakít ng ulo.
나는 두통 때문에 약을 먹었다.

Anó ang ikinamatáy niyá? 그가 죽은 원인은 무엇이냐?

Nakatirá siyá sa Seoul. 그녀는 서울에서 살고 있다.

Nakabús akóng dumatíng ditó. 나는 버스를 타고 여기에 도착했다.

Sino ang nakaupô sa sopá? 소파에 앉아있는 사람은 누구냐?

Balarila

1 magíng: 행위자중심 상태변환 동사

magíng은 영어의 become처럼 명사나 형용사와 결합하여 '~이 되다'라는 상태변환 의미를 갖는 독립된 동사이지만, 동사용 접두사와 유사한 기능을 가지고 있다. 형용사와 결합하는 경우, 형용사의 어근을 행위자중심 UM동사로 활용하여 같은 의미의 문장으로 전환할 수 있다.

(1) 활용(예)

magíng mayaman(=yumaman) 부자가 되다
magíng mahirap(=humirap) 가난해지다
magíng gurò 선생님이 되다
magíng tahimik(=tumahimik) 조용해지다
magíng abogado 변호사가 되다
magíng mabaít(=bumaít) 친절해지다
magíng masamâ(sumamâ) 나빠지다
magíng mabuti(=bumuti) 좋아지다

(2) 활용법 (예: **mabaít**)

부정사: magíng mabaít
명령: magíng mabaít
과거: nagíng mabaít
현재: nagiging mabaít
미래: magiging mabaít

⊙ 현재형과 미래형에서 nagigíng, magigíng와 같이 악센트를 뒤에 두기도 한다.

kalágáyan 상황, 상태
pagkawalâ 없음, 부족
tore 탑
kastilyo 성
salamín 안경, 유리, 거울
trintás 땋은 머리
nakatrintás 머리를 닿아 늘어뜨린
kamátáyan 사망, 죽음
kamag-anak 친척
tagumpáy 성공, 합격
iksamen 시험, 테스트
hiwalay 분리, 헤어짐
lindól 지진

2 종속접속사 para와 upang

필리핀어에서 '~를 하기 위해'의 표현은 para와 upang종속접속사를 사용한다. 종속절에 사용되는 동사는 항상 부정사형이어야하며, para는 회화체에서, 그리고 upang은 문어체에서 선호된다.

3 출신지·임무·역할·직업 등을 의미하는 명사용 TAGA접두사

tagalutò 요리사
taga-Pilipinas 필리핀 출신
tagasulat 저자, 글 쓰는 사람
taga-embahada 대사관 직원
taga-Seoul 서울 출신
tagarito 이 지역 출신
tagabilí 구매 담당
tagaturò 교사

4 이유(원인)중심동사

IKA, IKAPAG, IKAPANG 접두사를 활용한 수동사는 어근의 의미에 '~때문에 ~하다'의 이유나 원인을 포함하는 의미를 갖게 한다.

(1) 이유(원인)중심 수동사와 행위자중심 능동사와의 연관성

IKA동사 ↔ UM동사, MA동사
IKAPAG동사 ↔ MAG동사
IKAPANG동사 ↔ MANG동사

(2) 활용 동사(예)

ikagalák ~때문에 기쁘다(행복하다)
ikainóm ~때문에 마시다(약을 먹다)
ikamatáy(← patáy) ~때문에 죽다
ikalugód ~때문에 기쁘다
ikalungkót ~때문에 슬프다
ikahiyâ ~때문에 부끄러워하다
ikabuti ~때문에 좋아지다
ikapagbilí ~때문에 팔다
ikapangisdâ ~한 이유로 고기를 잡다
ikatuwâ ~때문에 즐겁다

ikagulat ~때문에 놀라다
ikatakot ~때문에 두려워하다, ~를 두려워하다
ikapagaway ~한 이유로 싸우다
ikapaghiwalay ~한 이유로 헤어지다
ikapangaso ~때문에 사냥을 하다
ikapangupit(← kupit) ~한 이유로 좀 도둑질을 하다

(3) 동사 활용법(예: ikapangupit)

부정사/명령: ikamatáy/ikapagbilí/ikapangupit
과거: ikinamatáy/ikinapagbilí/ikinapangupit
현재: ikinamámatáy/ikinapagbíbilí/ikinapangúngúpit
미래: ikamámatáy/ikapagbíbilí/ikapangúngúpit

5 실행 중인 행위, 몸에 걸친 상태 등을 표현하는 형용사용 NAKA접두사

nakabús 버스를 타고 있는
nakahigâ 누워 있는
nakasapatos 신발을 신은
nakatawa 웃고 있는
nakaupô 앉아 있는
nakakotse 차를 타고 있는
nakasalamín 안경을 낀
nakatayô 서 있는, 건축되어 있는
nakatirá 살고 있는

Pagpapahayag

16-2

Nagiging matangkád(=Tumátangkád) ang batang babae nang mabilís.
그 소녀는 빠르게 키가 자라고 있다.

Kailangang magíng malusóg(=Kailangang lumusóg) ang lahát ng taong matandâ.
모든 노인들은 건강해져야 한다.

Mámahalín kitá magiging sino ka man.
나는 네가 어떤 사람이 되더라도 사랑할 것이다.

Dalhín mo ang kotse sa talyér upang kumpunihín ang preno.
브레이크를 수리받기 위해 차를 정비공장으로 가져가거라.

Bigyán mo akó ng panahón para isipin ang iyóng mungkahì.
너의 제안을 생각해 보기 위해 나에게 시간을 줘.

Tagaprobinsya na karamihan ang mgá katulong sa pálaruan ng golf.
골프장의 도우미들은 대부분 시골출신이다.

Ang mgá Muslim ay taga-Mindanaw na karaniwan.
회교도들은 대부분 민다나오 출신이다.

Akó pô ay tagasulat tungkól sa wikang Filipino.
저는 필리핀어 관련하여 책을 쓰는 사람입니다.

Ikinalúlugód kitáng mákíta.
너를 만나서 기쁘다.

Ikinalúlungkót ni Maria ang balità.
마리아는 그 소식을 듣고 슬퍼한다.

Ikinagulat ni Pedro ang tawag mo.
페드로는 너의 전화에 놀랐다.

Ikinapangúngúpit niyá ng pera ang pagkawalâ ng pagkain.
그는 먹을 것이 없어서 돈을 훔치고 있다.

Ikinagágalák kitáng mákilala.
너를 알게 되어 기쁘다.

Ang tore ay nakatayô sa gitnâ ng kastilyo.
탑은 성의 중간에 지어져 있다.

Nákíta ko ang batang babae na nakasalamín at nakatrintás.
나는 안경을 끼고 머리를 땋아 늘어뜨린 여자아이를 보았다.

Nakahigâ lagì ang tamád na taong iyón sa bangkô.
저 게으른 사람은 항상 벤치에 누워있다.

Pagsasanay

1 아래 보기에서 알맞은 단어를 골라 문장을 완성하세요.

1 ________ mayaman ________ ________ sa nagtrabaho ________ masipag.

그는 성실하게 일했기 때문에 부자가 되었다.

2 ________ mahirap ________ tamád ________ batà.

게으른 아이는 가난해 질 것이다.

3 ________ ________ kayó ________ sa Pilipinas?

당신은 필리핀 어디서 살고 계십니까?

4 ________ pô ay ________ Hanna ________, Korea.

저는 한국의 서울에서 온 한나라고 합니다.

5 ________ si Jose nang ________ ________ magíng negosyanteng mayaman.

호세는 부유한 상인이 되기 위해 열심히 노력하고 있다.

보기

ⓐ Akó ⓑ ang ⓒ dahil ⓓ mabuti ⓔ Magiging ⓕ na
ⓖ nakatirá ⓗ Nagíng ⓘ Nagsísípag ⓙ nang ⓚ para ⓛ pô
ⓜ Saán ⓝ si ⓞ siyá ⓟ taga-Seoul

2 **다음 문장을 행위자중심의 능동태문장으로 바꾸세요.**

1 Ikinalungkót ko ang balità ng kamátáyan ng kamag-anak.
친척의 사망 소식 때문에 슬펐다.

2 Ikinalugód ni Rosa ang tagumpáy ng anák sa iksamen.
로사는 자녀의 시험 합격에 기뻤다.

3 Anó ang ikinapaghiwalay nilá?
그들이 헤어진 이유가 뭐냐?

3 **아래 문장을 필리핀어로 작문하세요.** (2형식 문장, 제시된 단어나 용어를 따를 것)

1 당신은 여기 출신이십니까?

2 나는 어젯밤 지진 때문에 놀랐다. (IKA동사)

SEKSYON
17

시기·수단중심·요청

수확기가 되면 과일은 싸다.

Pag tag-ani mura ang prutas.

Usapan

17-1

Pag Semana Santa pumúpuntá akó sa simbahan ng Quiapo.
(매년)부활절이 오면 나는 키아포 성당에 간다.

Pag datíng mo, umalís siyá. 네가 도착했을 때, 그는 출발했다.

Pag(Kapág) matulog ka, katakut-takot ka laging humilík.
너는 잠만 자면, 코를 항상 무시무시하게 곤다.

Pag(Kapág) natawíd mo na ang ilog, ligtás ka na.
일단 너가 강을 건너고 나면, 너는 이미 안전하다.

Ipinanggágamót ng doktór sa sakít ko ang gamót na itó.
의사는 이 약을 이용하여 나의 병을 치료하고 있다.

Ipanghiwà mo ng karné ang kutsilyong iyán.
그 칼을 이용하여 고기를 썰어라.

Makidalá ka ng aklát ko sa gurò. 내 책을 선생님께 갖다 드려 줘.

Nakikuha akó ng sombrero mo sa kanyá.
나는 그에게 너의 모자를 가져 오라고 부탁했다.

Pakibasa mo ang sulat para sa iná niyá
그의 어머니에게 편지를 읽어드리기를 부탁한다.

Pinakisakáy niyá ang batang babae sa iyóng kotse.
그는 그 소녀를 너의 차에 태워달라고 요청하였다.

Pakiusap pô, pakibigáy ninyó ang kontíng pera sa akin.
제발 부탁드립니다, 저에게 돈을 조금 주십시오.

Ipakíkikúha akó ng amá ng pera. 나는 아버지에게 돈을 가져 오라고 부탁할 예정이다.

Ipakiupô ninyó ang lola ko sa silya. 실례지만, 저의 할머니를 의자에 앉혀 주세요.

Pabasa ng diyaryo mo. 너의 신문을 좀 읽고 싶다./
너의 신문을 좀 읽고 싶은데 허락해 주겠어?

Pasakáy pô sa kotse ninyó. 당신의 차에 좀 태워 주실 수 있겠습니까?

Bukabularyo

Semana Santa 성 주간(부활절의 전주)
matawíd 건널 수 있다
ligtás 안전한
kutsara 숟가락
sipit 집게, 족집게, 집게발
sipit ng Intsík 젓가락
katakut-takot 무시무시한, 매우 두려운
humilík 코를 골다
lagì 항상
kutsilyo 칼
batì 인사, 축하
tumulò (물이) 새다
bubóng 지붕
kísamé 천장
magpaskó 크리스마스를 보내다
Espanya 스페인
kaugalián 풍습, 관습
Araw ng Bagong Taón 설날
pilitín 노력하다, 시도하다
kausapin 대화하다
ngumitî 미소짓다
plato 접시
tseke 수표

muwebles 가구
tubig-ulán 빗물
tuwalya 타월, 수건
pawis 땀
maglilinis 청소부
sako 자루, 포대
bisikleta 자전거
ipahirám 빌려주다
selpon 핸드폰
idlíp 졸기, 겉잠, 낮잠
paidlíp 잠깐 졸수 있게 부탁하다

Balarila

1 pag : 시기와 발생시점을 의미하며 전치사와 종속접속사로 사용된다.

(1) 전치사: 반복되는 시기(pag+명사)

pag Sábado (항상) 토요일에는, 토요일만 되면
pag Paskó 매년 성탄절에는, 성탄절이 오면

(2) 종속접속사

1) 발생 시점(~와 동시에, ~할 때, ~하기만 하면): pag+동사의 어근

pag alís mo 너의 출발과 동시에, 네가 떠날 때　pag ulán 비가 올 때
pag batì ko 내가 인사를 할 때(인사를 하면)

2) 만약 ~하면: kapág으로 사용 가능, 종속절의 동사는 부정사형

Pag(Kapág) umulán bukas, hindî akó magténis.
만약 내일 비가 오면, 나는 테니스를 하지 않을 것이다.

3) ~하기만 하면, ~할 때는 항상: kapág으로 사용 가능, 종속절의 동사는 현재형

Pag(Kapág) umúulán, tumútulò ang bubóng at kísamé ng bahay.
비만 오면, 지붕과 천장에서 비가 샌다.

4) ~일단 ~하면: kapág으로 사용 가능, 종속절의 동사는 과거형

2 기후·계절·시기를 의미하는 명사용 TAG접두사

tag-ulán 우기
tag-init 하계, 여름
tag-ani 수확기
taggutom 궁핍한 시기
tagtaním 파종기간, 심는 시기
taglamíg 동계, 겨울
tag-aráw 건기

3 수단(도구)중심 IPANG동사

IPANG접두사는 수동태 문장에서 행위대상에 대하여 어근의 의미에 수단이나 도구로서의 의미를 갖게 하며, 행위자중심의 UM, MAG, MANG동사의 어근을 활용하다.

◇활용 동사(예)

ipanghugas 씻는 데 사용하다
ipambayad 지불용으로 사용하다
ipambilí 구매하는 데 사용하다
ipanlinis 청소용으로 사용하다
ipanggamót 치료용으로 사용하다
ipangmatrikulá 학교 등록금(수업료)으로 사용하다
ipansulat(ipanulat) 필기용으로 사용하다
ipanghakot 운반용으로(옮기는 데) 사용하다
ipanghiwà 자르는 데 사용하다
ipamunas(← punas) 훔치는 데(닦는 데) 사용하다
ipanahî(← tahî) 꿰매는 데 사용하다
ipamutol(← putol) 자르는 데 사용하다
ipampaligò 목욕(샤워)용으로 사용하다
ipanguha(← kuha) 가져오는 데 사용하다
ipanukláy(← sukláy) 빗으로 사용하다

*동사 활용법은 이미 앞에서 유사한 사례로 설명하였으니 참고할 것

4 부탁(요청)동사

어근의 의미에 '~해 주기를 부탁(요청)하다'라는 의미가 가미된 부탁(요청)동사는 행위자중심과 비행위자중심으로 구분한다. 2인칭에 대해 명령형으로 사용되면 명령이 아닌 부드러운 부탁의 의미가 된다.

(1) 행위자중심 부탁(요청)동사는 MAKI동사를 사용한다.

1) MAKI동사

◇활용 동사(예)

makidalá 운반을(가져오라고) 부탁하다
makiusap 부탁(요청)하다
makilutò 요리하라고 부탁하다
makisakáy 태워달라고 부탁하다
makiraán (옆을) 지나갈 수 있도록 요청하다.

◇동사 활용법(예: makidalá)

부정사/명령: makidalá
과거: nakidalá
현재: nakíkidalá
미래: makíkidalá

⊙ 유의사항: 실제 생활회화에서 부탁, 요청 표현은 일부 관용적 표현을 제외하고 아래의 행위대상중심 PAKI동사를 주로 사용한다.

(2) 비행위자중심 요청(부탁)동사는 행위대상중심동사 및 수혜자중심동사로 구분한다.

1) PAKI접두사를 사용하는 행위대상중심 요청(부탁)동사는 MAKI동사에 비해 겸양의 의미가 더 강하고, 수동태 문장이라는 특성 때문에 일상생활의 회화체 문장에서는 더 자주 사용된다.
행위대상중심의 IN(HIN), AN(HAN), MÁ-AN(HAN), PAG-AN(HAN)동사의 어근이 PAKI동사에 활용된다.

◇활용 동사(예)

pakiabót 넘겨 달라고 부탁하다
pakibigáy 달라고 부탁하다
pakikuha 가져오라고 부탁하다
pakigising 깨우라고 부탁하다
pakiintindí 이해해달라고 요청하다
pakilinis 청소하라고 부탁하다
pakipalít 교환해 달라고 부탁하다
pakisulat 쓰라고 요청하다
pakitawag 부르라고 요청하다
pakitingín 보라고 요청하다
pakiusap 부탁하다, 요청하다

⊙ pakiusap을 단독으로 사용하면, 영어의 please처럼 "제발, 죄송하지만, 부탁드립니다" 등의 의미를 갖는다.

◇동사 활용법(예: pakitingín)

부정사/명령: pakitingín
과거: pinakitingín
현재: pinakíkitingín
미래: pakíkitingín

2) IPAKI접두사를 사용하면 수혜자를 주격으로 하는 수동태문장이 된다.

◇활용 동사(예)

ipakiabót ~에게 넘겨 달라고 부탁하다
ipakibatí ~대신 안부 전해달라고 부탁하다
ipakihigâ ~를 눕혀 달라고 부탁하다
ipakikuha ~에게 가져 오라고 부탁하다
ipakidalá ~에게 보내라고 부탁하다
ipakiupô ~를 앉혀 달라고 부탁하다
ipakigawâ ~에게 만들어 주라고 부탁하다

3) PA동사
회화체용 문장에서 1인칭 단수(akó)가 수혜자로서 상대에게 허락을 요청할 때 사용하는 수혜자중심동사이다
통상적으로 akó는 생략되고 부정사로만 활용되며, 일상생활에서 예의를 벗어나지 않으면서 부드럽고 편리하게 사용되는 표현이다.

◇활용 동사(예)

pabilí 사고 싶다
pahirám 빌리고 싶다, 빌려 주기를 부탁하다
pahingí 부탁하고 싶다
paupô 앉고 싶다
patingín 보고 싶다, 보여주기를 부탁하다
pasakáy 타고 싶다, 태워주기를 부탁하다
pagamit 사용하고 싶다
pabasa 읽어보고 싶다

Pagpapahayag

17-2

Pag Paskó pumúpuntá ang pamilya ko sa Espanya.
매년 크리스마스에는 나의 가족은 스페인에 간다.

Anó ang kaugalián ng mgá Pilipino pag araw ng Bagong Taón.
설날에 필리핀 사람들의 풍습은 무엇이냐?

Kapág(Pag) nagágálit siyá, pinípilít ko siyáng kausapin.
그가 화를 내면, 나는 그와 대화하려고 노력한다.

Pag batì ko kay Maria, ngumíngitî siyá lagì.
내가 마리아에게 인사를 하면, 그녀는 항상 미소를 짓는다.

Ipinanghugas ko ng plato ang tubig-ulán.
나는 접시를 씻는 데 빗물을 사용하였다.

Puwede ko bang ipambayad ng upa ang tseke?
수표로 임대료를 지불할 수 있어?

Anó ang ipinangháhákot mo ng mgá muwebles?
너는 무엇을 이용하여 가구들을 옮기고 있느냐?

Pakisulat pô ang pangalan ninyó rito.
여기에 당신의 이름을 여기에 써 주십시오.

Makilutò ka ng isdâ. 생선을 좀 요리해줘.

Pakíkilínis ko ang silíd ko sa maglilinis.
나는 청소부에게 내 방을 청소하라고 부탁할 예정이다.

Pinakitawag ko ang gurò sa estudyante.
나는 학생에게 선생님을 불러달라고 요청하였다.

Pakibigáy mo ang kutsara at tinidór. 숟가락과 포크를 좀 줘.

Ipakiabót mo akó ng pamintá. 나한테 후추를 좀 넘겨줘.

Ipakibatì mo akó sa iyóng amá. 너의 아버지에게 나 대신 안부 좀 전해줘.

Ipinakihigâ ko ang batà sa kama sa kanyá.
나는 그에게 아이를 침대에 눕혀 달라고 부탁했다.

Pahirám (akó) ng bisikleta mo. 너의 자전거를 빌리고 싶다./너의 자전거 좀 빌려 줄래?

Pagsasanay

1 아래 보기에서 알맞은 단어를 골라 문장을 완성하세요.

1 ________ ang ________ ng mgá Koreano ________ kaarawán.
생일날에 한국 사람들이 먹는 음식은 무엇이냐?

2 ________ ko ________ sako ng bigás ________ bisikleta.
나는 자전거로 쌀 포대를 운반했다.

3 ________ nagágálit ________, ________ akó sa bahay.
그가 화를 내기만 하면, 나는 집을 나간다.

4 ________ siyá ng ________ sa ________.
그는 경찰에게 도움을 부탁했다.

5 ________, ipahirám pô ________ ________ ng ________ selpon.
제발 저에게 당신의 핸드폰을 빌려주십시오.

보기

ⓐ akó ⓑ Anó ⓒ ang ⓓ inyóng ⓔ Ipinanghakot ⓕ Kapág
ⓖ lumálabás ⓗ Nakiusap ⓘ ninyó ⓙ ng ⓚ Pakiusap ⓛ pag
ⓜ pagkain ⓝ siyá ⓞ tulong ⓠ pulís

2 아래 문장을 필리핀어로 작문하세요. (2형식 문장, 제시된 단어나 용어를 따를 것)

1 나는 월급을 아이들의 등록금으로 사용할 예정이다. (IPANG동사)

2 일요일이 오면 나는 바다에서 수영한다. (전치사 pag)

3 그는 외출만 하면, 밤에 귀가한다. (kapág)

4 내일 아침 7시에 그를 좀 깨워줘. (PAKI동사)

5 저한테 의사를 좀 불러주세요. (IPAKI동사)

6 이 의자에서 잠깐 눈 좀 붙여도 되겠습니까? (PA동사)

SEKSYON 18

상호(동시) 동사·참여동사

Magkainan tayo.

함께 식사 하자.

Usapan

18-1

Magkainan tayo ng ngayóng hapunan. 오늘 저녁식사 같이 하자.

Nagtulungán kamí para sa pagtatabóy sa kaaway.
우리는 적을 물리치기 위해 서로 도왔다.

Nag-iyakán ang mga sanggól. 아기들이 동시에 울었다.

Náriníg kong nagsísigawán ang maraming tao sa sabungán.
나는 투계장에서 많은 사람들이 한꺼번에 소리 지르는 것을 들었다.

Makiraán pô. 실례지만 지나가겠습니다.

Nakíkirámay akó sa kamatayan ng iná mo.
너의 모친 사망에 대해 애도를 표한다.

Kahit na malakí ang aking kasalanan, lalong malakí ang awà ng Diyós. 나의 죄는 크지만, 하느님의 자비는 더욱 크다.

Gayón man may pera siyá, ayaw niyáng mag-abuloy.
그는 돈이 있어도, 부조금 내기를 싫어한다.

Inantók siyá habang nagsésérmon ang parì.
신부가 설교하는 동안 그는 졸았다.

Akó ay bumábása ng diyaryo habang naghíhintáy ng bus.
나는 버스를 기다리는 동안 신문을 읽고 있다.

Kumain ka muna bago umalís. 출발하기 전에 우선 식사해라.

Lagì akóng umúuwî bago mag-alás-singko ng hapon.
나는 항상 오후 5시 전에 집에 간다.

Pagkatapos ng misa(=Pagkamisa), kumain tayo ng tanghalian.
미사 끝난 후에 점심을 먹자.

Ngayón ay sampúng minuto makaraán ang ikalimá ng hapon.
지금은 오후 5시 10분이다.

Bukabularyo

pagtatabóy 퇴치, 쫓아내기, 몰아내기
sabungán 투계장
tíráhan 주소
lambanóg 코코넛 주스로 빚은 술
kamatayan 죽음, 사망
kahit ~에도 불구하고
kasalanan 죄, 범죄
awà 자비, 동정심
gayón 그런 것
mag-abuloy 부조하다, 기여금을 내다
gayunmá'y (=gayunmán ay) ~이지만, 라도
antukín 졸다
magsermon 설교하다
parì (천주교)신부
mag-alás-singko 5시가 되다
muna 우선, 먼저
misa 미사, 예배
sipilyo 칫솔
magsipilyo 칫솔질하다, 이를 닦다
makatulog 잠들다
bapór 배, 기선
bawat 각각, 제각기의

Balarila

1 행위자중심 상호(동시) MAG-AN(HAN)동사

MAG~AN(HAN)동사는 복수 행위자들이 '서로, 함께' 또는 '동시에, 한꺼번에'의 뜻을 어근의 의미에 추가한다.

(1) 활용 동사(예)

magsáyáwan 함께 춤추다
magkantahán 함께 노래 부르다
magkainan 함께 식사하다
magsuntukan(← suntók) 서로 싸우다(주먹질을 하다)
magsumpahán 서로를 비방하다(헐뜯다)
magtawanán(← tawâ) 동시에(함께) 웃음을 터뜨리다
magsigawán 동시에(함께) 비명을 지르다
mag-iyakán 동시에(함께) 울기 시작하다
magtulakán 서로 밀치다
mag-íbígan 서로 사랑하다
magmáhálan 서로 사랑하다
magtawagán 서로 부르다, 함께 부르다
magtulungán 서로 돕다(의지하다)

(2) 동사 활용법(예: magkantahán)

부정사/명령: magkantahán
과거: nagkantahán
현재: nagkákantahán
미래: magkákantahán

bawat isa 각자, 모두
Halika. 이리 오너라(단수)
Halikayó. 이리 오너라(복수), 이리 오세요(단수, 존경어)
habambuhay 평생
iwan 두고 떠나다, 내버려두다
barong Tagalog 필리핀 전통 남성용 상의
kahit gayón 그럼에도 불구하고
magmadalî 서두르다
magpaantala 지체하다, 머뭇거리다
makatapos 끝낼 수 있다
pag-aaral 공부, 학업
pobre 가난한
magbigáy 주다, 기여하다
handaan 파티
ipahirám 빌려주다
kulang 부족한, 모자라는
magkakapatíd 형제들(복수)

2 행위자중심 참여 동사

⊙ 행위자중심 참여 동사는 어근의 의미에 '참여하다, 함께하다'라는 의미를 추가하며 MAKI, MAKIPAG 및 MAKIPANG접두사를 사용한다.

⊙ MAKI접두사는 행위자중심 MA동사와 UM동사의 어근과 결합하고, MAKIPAG접두사는 MAG동사의 어근과, 그리고 MAKIPANG접두사는 MANG동사의 어근과 결합한다.

⊙ 행위자중심 참여 MAKI접두사는 위에서 설명한 행위자중심 요청(부탁) MAKI접두사와 활용법이 동일한 관계로 해석에 오류를 일으킬 수 있으므로 문장 전체를 보고 구분하여야 한다.

◇활용 동사(예)

makikain 함께 먹다
makiinóm 함께 마시다
makiramay(← damay) 애도를 표하다
makisakáy 합승하다
makisama 함께하다, 참가하다, 교제하다
makipag-away ~와 싸우다
makipag-usap ~와 대화하다, 대화에 참가하다
makipangisdâ 함께 고기를 잡다, 고기잡이에 참가하다

◇동사 활용법(예: makisakáy/makipag-usap/makipangaso)

부정사/명령: makisakáy/makipag-usap/makipangaso)
과거: nakisakáy/nakipag-usap/nakipangaso
현재: nakíkisakáy/nakíkipag-úsap/nakíkipangáso
미래: makíkisakáy/makíkipag-úsap/makíkipangáso

3 종속접속사

(1) 양보를 표현하는 종속접속사

'비록 ~일지라도, ~이긴 하지만, ~에도 불구하고, 어쨌거나' 등의 양보를 표현하기 위한 종속접속사는 kahit (na), gayón (pa) man(=gayunmán, gayunpamán), ganón (pa) man(ganunmán, ganunpamán), bagamá't 등이 있다. 회화체에는 kahit (na)가 주로 사용되고, bagamá't은 주로 공문서나 연설문 등의 문어체용으로 사용된다.

(2) 종속절로서 '~하는 동안, ~하는 한'의 표현에 사용되는 종속접속사 habang

⊙ habang종속절의 동사는 현재시제만 활용된다.

Habang nakatirá si Rosa sa Korea, nag-aral siyá ng wikang Koreano. 로사는 한국에 사는 동안 한국어를 공부했다.

(3) 종속절의 '~전에, ~하기 전에'의 표현에 사용되는 종속접속사 bago

⊙ bago종속절의 동사는 부정사형이어야 한다.

Nagsísipílyo akó bago mákatulóg.
나는 잠들기 전에 양치질을 한다.

4 어떤 시점이나 사안, 기간이 지나 간 이후를 표현하는 방법

'~후에, ~하고 난 후에, ~를 끝낸 후에, 하고 난 다음에, ~하고 나서, ~지나고 나서' 등의 어떤 시점이나 사안, 기간이 지나 간 이후를 표현하는 방법

(1) pagkatapos(=pagkaraán) ng ~ : 어떤 사안이나 시점, 기간이 지난 후

Pagkatapos(=pagkaraán) ng misa, halika agád.
미사 끝난 후에 즉시 이리 오너라.

pagkaraán(=pagkatapos) ng tatlóng taón
3년이 지난 후

Labínlimáng minuto pagkatapos(=pagkaraán) ng alá-una ng hapon
오후 1시 15분

(2) pagka(접두사)+명사: 어떤 사안이나 기간이 지난 후

Pagkamisa, halika agád. 미사 끝난 후에 즉시 이리 오너라.
pagkatatlóng taón 3년이 지난 후

(3) makaraán ang ~ : 어떤 시점이 지난 후

apat na minuto makaraán ang ikaapat ng hapon 오후 4시 4분

Pagpapahayag

18-2

Nagtulakán ang mga tao upang makasakáy sa bapór.
사람들이 배를 타기 위해 서로를 밀쳤다.

Magkantahán tayong lahát nang masayá.
우리 모두 즐겁게 노래하자.

Dapat kayóng magkakapatíd ay magtulungán bawat isá.
너희 형제들은 서로 도와야 한다.

Habambuhay kayóng magmáhálan. 너희들은 평생 서로 사랑하여라.

Halika na. Magkainan tayo. 이리 와. 함께 식사하자.

Halikayó. Makipag-usap kayó sa kanilá tungkól diyán.
여기로 와라. 너희들은 그것에 관해서 그들과 얘기해라.

Makíkipangisdâ akó sa kanilá bukas.
나는 내일 그들과 함께 고기를 잡을 것이다.

Nakikuha akó ng iyóng sombrero sa kanyá.
나는 그에게 너의 모자를 가져오라고 부탁했다.

Iwan mo na ang barong Tagalog niyá kahit na walâ siyá rito.
그 사람이 여기에 없더라도 그의 옷을 두고 가거라.

Kahit na kailangang magmadalî, naáantála pa rin siyá.
서둘러야할 필요가 있음에도 불구하고,
그는 여전히 아직 머뭇거리고 있다.

Nakatapos siyá ng pag-aaral kahit na pobre siyá.
그는 가난했음에도 불구하고 학업을 끝낼 수 있었다.

Lumabás siyá, bagamá't umúulán. 비가 내리고 있었지만, 그는 외출했다.

Habang natútúlog ang sanggól, akó rin ay matútúlog.
아기가 자고 있을 동안, 나도 잘 것이다.

Habang akó'y nasa tabí mo, masayá ka.
내가 네 곁에 있는 한, 너는 행복할 것이다.

Dáratíng siyá bago mag-ikaapat ng hapon.
그는 오후 4시 전에 도착할 것이다.

Bago siyá umalís, nagbigáy siyá ng malakíng handaan.
그는 떠나기 전에 큰 파티를 열었다.

Pagsasanay

1 아래 보기에서 알맞은 단어를 골라 문장을 완성하세요.

1 ________ ko alám ________ bakit ________ ang mgá pulítikó.

나는 왜 정치가들이 서로를 비난하는지 이유를 모르겠다.

2 ________ kong ________ sa abogado ________ ipagbilí ang bahay.

나는 집을 팔기 전에 변호사와 얘기하고 싶다.

3 ________ akó ________ Juan ________ ipahirám ang bisikleta ________ .

나는 후안에게 그의 자전거를 빌려달라고 부탁할 예정이다.

4 Mahirap ang pamilya ________ Rosa, ________ masayá ________.

로사의 가족은 가난하지만 그들은 행복하다.

5 ________ na kulang ang pera, gustó ________ ________ ng mahál na damít.

돈이 부족함에도 불구하고 그는 비싼 옷을 사고 싶어한다.

보기

ⓐ bago ⓑ bumilí ⓒ Dî ⓓ gayunpamán ⓔ Gustó
ⓕ Kahit ⓖ kay ⓗ kung ⓘ magsumpahán ⓙ Makíkiúsap
ⓚ makipag-usap ⓛ na ⓜ ni ⓝ niyá ⓞ niyáng ⓟ silá

② 아래 문장을 필리핀어로 작문하세요. (2형식 문장, 제시된 단어나 용어를 따를 것)

1 너는 밤 9시 전에 귀가하여야 한다. (alás-nuwebe)

2 우리 반 학생들은 항상 서로 돕는다. (Lagì, namin, mag-an동사)

3 공부가 끝났으면 우리 모두 교실청소를 하자. (pagkatapos)

4 여자는 약하지만, 그러나 어머니는 강하다. (kahit, pero)

5 지금은 오전 7분전 7시다. (따갈로그어 숫자)

6 저는 당신의 부친사망에 애도를 표합니다. (inyó)

SEKSYON 19

동명사

하느님의 사랑은 끝이 없다.

Waláng-katapusán ang pag-ibig ng Diyós.

Usapan

19-1

Waláng-katapusán ang pag-ibig ng Diyós.
하느님의 사랑은 끝이 없다.

Akó ay natútuwâ sa pag-ibig ng nobya ko.
나는 내 약혼녀의 사랑에 행복을 느낀다.

Ang kanyáng pagsasayáw ay magandáng-magandá.
그녀의 춤은 매우 아름답다.

Magkákaroón ng bawas ng halagá sa mgá agrikulturál na produkto bukas.
내일 농산품들에 대한 가격할인이 있을 것이다.

Natátákot siyá sa pagkagalit ko.
그는 내가 화내는 것을 두려워한다.

Ang pakikisulat ng aralíng-bahay sa ibáng tao ay hindî mabuti.
다른 사람에게 숙제를 써달라고 부탁하는 것은 좋지 않다.

Masayá akó sa pakikiinóm ng tsa sa kanilá.
그들과 함께 차를 마실 때 나는 즐거웠다.

Ang pagkakaanák ay isáng biyayang galing sa Diyós.
아이를 갖는 것은 신이 주는 하나의 축복이다.

Natapós ka na ba sa pagpapakain sa mgá batà?
아이들에게 식사시키는 것을 마쳤느냐?

Ang pagpapagawâ ng bahay sa probinsya ay mas madalî kaysá sa siyudád.
시골에 집을 짓게 하는 것은 도시보다 쉽다.

Ang kutsilyong iyán ay malakí nguni't magaán.
그 칼은 크지만 가볍다.

Ang babaing matangkád ay pangit pero mabaít.
키가 큰 그 여자는 못 생겼지만 착하다.

Si Rosa ay may-sakít kayâ siyá ay malungkót.
로사는 아프다. 그래서 그녀는 슬프다.

Ikáw ay tamád kung kayá't ayoko sa iyó.
너는 게으르다. 그래서 나는 너를 싫어한다.

Bukabularyo

katapusán 끝, 종결
waláng-katapusán 끝없는, 무한한
halagá 가격, 가치, 값
agrikulturál 농업의
produkto 생산품, 제품
hálamanán 뜰, 정원
aralíng-bahay 숙제
ibá 다른
tsa (홍)차
biyayà 축복, 은총
magaán 가벼운
maginhawa 편한, 편리한
kama 침대
kasaysayan 역사
katabí 근접한, 붙어 있는
pinggán 접시
mangkók 그릇
krus 십자가
Panginoón 절대자, 하느님
kapisanan 모임, 집회
sigurado 확실한, 확신하는
mag-enjoy 즐기다
bilang ~로서
líbángan 취미
parang ~처럼, ~와 같은

nápakabatà 너무 어린

tanggapín 접수되다, 수신되다

hukbó 군, 군대

sadyâ 의도한, 계획한

di-sinásadyâ 의도하지 않은, 우연의

tadhanà 운명, 숙명

lasón 독, 독극물

lasón ng pagkain 식중독

dahilán 원인, 이유

Balarila

1 동사의 동명사 변환

다양한 접사의 동사를 동명사로 바꾸는 방법은 동사에 사용된 접사의 종류에 따라 다르다.

(1) pag + 어근: 행위자중심 UM동사 및 MA(단순동작)동사, 행위대상중심 IN(HIN)동사

umalís 떠나다, 출발하다	pag-alís 떠나기, 출발
umibig 사랑하다	pag-ibig 사랑
basahin 읽혀지다	pagbasa 읽혀지기, 읽기
tawagin 불리어지다	pagtawag 불리어지기, 부르기
lutuin 요리되다	paglutò 요리, 요리되기
makiníg 듣다	pagkiníg 듣기
matulog 자다	pagtulog 자기
maligò 목욕하다	pagligò 목욕하기, 샤워

⊙ 동명사에서 어근의 첫 철자가 모음일 경우 연자부호를 삽입한다.

(2) pag+어근 첫음절+어근: 행위자중심 MAG동사, 비행위자중심 AN(HAN)동사, I동사

magkita 만나다	pagkikita 만나기
magsayáw 춤추다	pagsasayáw 춤추기
magtaním 심다	pagtataním 심기
magtawá 크게 웃다	pagtatawá 폭소
alisán 옮겨지다	pag-aalís 이동
bawasan 줄이다, 축소하다	pagbabawas 줄이기, 축소, 할인
hugasan 세척되다	paghuhugas 세척
sakyán 태워지다	pagsasakáy 승차, 승마
ibigáy 주다	pagbibigáy 기부, 수여

(3) pagka+어근: 행위자중심 MA(감정 · 느낌, 신체적 상황, 사물의 상황, 상태의 변화 등) 동사

matakót 두려워하다	pagkatakót 두려움, 공포
magutom 배고프다	pagkagutom 배고픔
malungkót 슬프다	pagkalungkót 슬픔
magalit 화를 내다	pagkagalit 화내기

mamatáy 죽다	pagkamatáy 죽음, 사망
mamuhay 살다	pagkabuhay 삶

(4) pakiki+어근, pakikipag+어근, pakikipang+어근

1) 행위자중심 요청(부탁) MAKI동사 및 행위대상중심 요청(부탁) PAKI동사

makihirám/pakihirám 빌려주기를 요청하다	pakikihirám
makisulat/pakisulat 써주기를 요청하다	pakikisulat
makialís/pakialís 옮겨달라고 요청하다	pakikialís

2) 행위자중심 참여(MAKI, MAKIPAG, MAKIPANG)동사

makiinóm 함께 마시다	pakikiinóm
makiramay 애도를 표하다	pakikiramay
makisama 함께하다, 참가하다	pakikisama
makipagusap 대화에 참가하다	pakikipagusap
makipangupit 함께 좀도둑질을 하다	pakikipangupit

(5) pagkaka+어근: 행위자중심 소유 MAGKA동사

magkaroón 가지다, 소유하다	pagkakaroón
magkaanák 아이를 갖다	pagkakaanák
magkasakit 병에 걸리다	pagkakasakit
magkapera 돈을 소유하다	pagkakapera
magkamalî 실수를 하다	pagkakamalî
magkaswerte 행운을 잡다	pagkakaswerte

(6) pagpapa + 어근: 행위자중심 MAGPA사역동사, 행위대상자중심 PA-IN(HIN)사역동사, PAG-IN(HIN)사역동사, PANG-IN(HIN)사역동사, 행위대상중심 IPA사역동사, PA-AN(HAN)사역동사, 방향중심 PA-AN(HAN)사역동사

magpagupít 이발하다	pagpapagupít
pakainin ~에게 먹게 하다	pagpapakain
papaniwalain ~에게 믿게 하다	pagpapapaniwalà
paglutuin ~에게 요리를 시키다	pagpapalutò
pangisdain ~에게 고기를 잡게 하다	pagpapangisdâ
ipareserba ~에게 예약을 시키다	pagpapareserba
pakasalán ~에게 결혼시키다	pagpapakasál
pasamahan ~에게 동행시키다	pagpapasama

2 '그러나, 하지만, 그렇지만'을 표현하는 등위접속사: nguni't, pero, subali't

⊙ subali't은 회화체에서 사용하지 않는다.

⊙ 회화체에서는 pero가 자주 사용된다.

3 '그래서, 그러므로, 따라서, ~하기 때문에'을 표현하는 종속접속사: kayâ, kayá't, kung kayá't, samakatuwíd

⊙ kayâ가 주로 사용된다.

⊙ samakatuwíd는 문어체에서만 사용된다.

Pagpapahayag

19-2

Maginhawa ang paghigâ sa kama. 침대에 눕는 것은 편안하다.

Kumustá ang pag-aaral mo ng kasaysayan?
너의 역사 공부는 어때?

Nágúlat akó dahil sa bigláng pagtatawá sa katabíng bahay.
이웃집의 갑작스런 큰 웃음소리에 나는 깜짝 놀랐다.

Ang paghuhugas ng pinggán at mangkók ay mahirap na trabaho.
접시와 그릇을 씻는 것은 힘든 일이다.

Nag-éénjoy siyá sa pagmamaneho bilang líbángan.
그는 운전을 취미로 즐긴다.

Ang pagkamatáy sa krus ng ating Panginoón!
우리 주 그리스도, 십자가에서의 죽음!

Ang pakikihirám ng pera sa kaibigan ay hindî madalî.
친구에게 돈을 빌려달라고 부탁하는 것은 쉽지 않다.

Humingî silá ng pakikisama ng kapisanan nilá sa akin.
그들은 나에게 그들의 모임에 참가하기를 요청했다.

Salamat sa pagpapasama ng iyong anák sa akin sa himpilan ng taksi.
너의 아이가 택시 정류장으로 나와 함께 가도록 해 주어서 고맙다.

Hindî akó sigurado sa kanyáng pagpapapaniwalà tungkól dito.
나는 이것에 대해 그의 믿음을 확신하지 않는다.

Lumakad ka na pero bumalík ka agád.
지금 가거라, 그러나 즉시 돌아오너라.

Walâ rito si Rosa nguni't siyá ay tútúlong para sa atin.
로사는 여기 없지만, 우리를 위해 도울 것이다.

Akó'y matabâ subali't siyá'y payát. 나는 뚱뚱하지만 그는 홀쭉하다.

Parang gutóm ang aso, kayâ pinakain namin.
개가 배가 고픈 것 같아서 우리는 음식을 먹였다.

Nápakabatà pa niyá, kung kayá't hindî siyá tinanggáp sa hukbó.
그는 아직 너무 어려서 군에 받아들여지지 않았다.

Samakatuwíd, ayaw mong umawit, e!
그런 이유로 너는 노래하기를 싫어하는구나.

Pagsasanay

1 다음 동사를 동명사로 바꾸세요.

1 lumakad(걷다) ______________________

2 magkita(만나다) ______________________

3 magsimulâ(시작하다) ______________________

4 magpainit(데우다, 뜨거워지게 하다) ______________________

5 magkabahay(집을 소유하다) ______________________

6 makitulog(함께 자다) ______________________

7 buksán(열리다) ______________________

9 magkasakít(병이 나다) ______________________

9 pakihatíd(데려달라고 부탁하다) ______________________

10 isará(닫히다) ______________________

11 sulatin(쓰여 지다) ______________________

2 아래 문장을 필리핀어로 작문하세요. (2형식 문장, ' '단어는 동명사 사용)

1 우리의 '만남'은 우연이 아니다. (atin)

2 자식들에 대한 어머니의 '사랑'은 운명이다.

3 나의 인생에서 '공부'가 가장 쉬웠다. (ko)

4 인생에서 '동행'은 아름다운 것이다.

5 그 사람의 '병의 발생' 원인은 식중독이다. (niyá)

SEKSYON 20

존재사

May gágawín akó bukas.

나는 내일 할 일이 있다.

nitó(=ng itó) 이것을, 이것의, 이것에 의한
niyán(=ng iyán) 그것을, 그것의, 그것에 의한
makipag-away ~와 싸우다
ayusin 정리되다
singsíng 반지
mámayâ 나중에(금일 중)
ipag-iháw ~에게 구워주다
ipang-hiwà 써는 용도로 사용하다
ipambayad 지불하는데 사용하다
katawán 몸, 신체
tungkól sa ~에 대하여
nangyari 발생한 일, 사건
puntahán ~로 가다
ipaglutò ~에게 요리해 주다
ipambilí 구매하는데 사용하다
ipanregalo 선물하는데 사용하다
ikagalit ~때문에 화를 내다
pulubi 거지
ikaluhà ~때문에 눈물을 흘리다
pagsisigarilyo 흡연
hilingín 요구(요청)되다
ikuha ~에게 가져다주다
bigás 쌀
ipangmatrikulá 등록금으로 사용하다

Usapan

20-1

May kailangan nitó. (=Mayroóng kailangan nitó.)
이것을 필요로 하는 사람이 있다.

Maraming gustó niyán. 그것을 좋아하는 사람들이 많다.

May nakipag-away kay Juan kagabí.
(=Mayroóng nakipag-away kay Juan kagabí.)
어젯밤에 후안과 싸운 사람이 있었다.

May kailangan siyá sa akin. (=Mayroón siyáng kailangan sa akin.)
그는 나로부터 뭔가 필요한 것이 있다.

May kailangang ayusin akó. (=Mayroón akóng kailangan ayusin.)
나는 정리할 필요가 있는 것이 있다.

Walâ akóng kayang bumilí ng kotse. 나는 차를 살 능력이 없다.

May mgá dáratíng bukas. 내일 도착할 사람들이 있다.

Mayroóng dumatíng dito kahapon. 어제 도착한 사람이 있었다.

May gágawín akó bukas. (=Mayroón akóng gágawín bukas.)
나는 내일 할 일이 있다.

Mayroón pang mgá hináhanáp si Juan sa bodega.
후안은 아직 창고에서 찾는 것들이 있다.

Maraming gágawín ang amá ko bukas. 나의 아버지는 내일 할 일이 많으시다.

May bíbigyán siyá ng singsíng mámayáng gabí.
그는 오늘 밤 반지를 줄 사람이 있다.

Marami pang ipag-íiháw si Lita ng karnéng baboy.
리타는 돼지고기를 구워 줄 사람이 아직 많다.

Mayroón akóng ipanghíhiwà ng karné. 나는 고기를 썰 수 있는 것(칼)을 가지고 있다.

Walâ akóng ipambábáyad ng upa. 나는 임대료로 지불할 돈이 없다.

May ikinalungkót ba siyá kagabí? 그는 어젯밤 슬퍼할 이유가 있었어?

ikalugód ~ 때문에 기뻐하다
kamakalawá 그저께
samakalawá 모레

Balarila

1 존재사+의사동사

문장의 내용에 따라 존재사와 의사동사 사이에 'taong(~한 사람)' 또는 'bagay na(~한 것)'가 생략된 문장이라고 할 수 있다.

(1) 존재관련: 존재사+의사동사+행위대상

May gustó ng ínúmin. 마실 것을 원하는 사람이 있다.
Waláng gustó ng sakít sa katawán. 몸에 병이 있는 것을 좋아하는 사람은 없다.

(2) 소유관련: 문장 구성은 존재사, 의사동사, 행위대상에 추가하여 소유행위자가 포함되며, 구성요소별 위치는 제8과에서 설명한 문장체계 정리를 참고 바란다.

May gustó akó kay Lita. (=Mayroón akóng gustó kay Lita.)
나는 리타를 좋아한다. (나는 리타에게 호감을 가지고 있다.)
May kaya siyá sa buhay. (=Mayroón siyáng kaya sa buhay.)
그는 삶에 대한 능력이 있다. (그는 생활력이 있다.)
Mayroón siyáng alám tungkól sa nangyaring itó.
그는 이 사건에 대해서 알고 있는 것이 있다.
Walá akóng gustó. 나는 좋아하는 것이 없다.

2 존재사+행위자중심동사

문장에 별도의 주어가 없이 '누군가 ~를 하다, ~한 사람이 있다, 무언가 있다, ~한 것이 있다' 등으로 해석되며, 동사는 해당 시제에 따른다. 존재사와 동사 사이에 'taong(~한 사람)' 또는 'bagay na(~한 것)'가 생략되었다고 보면 된다.

May bumisita sa akin kahapon. 어제 나를 찾아 온 사람이 있었다.
Maraming tútúlong sa iyó roón. 거기에는 너를 도와줄 사람이 많이 있을 것이다.
Waláng mangyáyári rito bukas. 내일은 이곳에 아무 일도 일어나지 않을 것이다.

3 존재사+비행위자중심동사

존재사와 각종 비행위자중심동사들이 결합될 때, 그 의미와 활용법에 대해서 알아보자. 유의할 점은, 소유를 의미하는 문장에서 수동사인 비행위자중심동사가 사용되더라도 소유행위자는 조격이 아닌 주격이어야 한다.

(1) 존재사+행위대상중심동사

'무언가 ~할 것(일)이 있다, 누군가에게 ~를 하다' 등의 의미가 내포되어 있으며, 존재사와 동사 사이에 'bagay na(~한 것)'가 생략되었다고 할 수 있다.

May ginágawâ akó ngayón. 나는 지금 하고 있는 일이 있다.
Walâ akóng ginawâ kaninang umaga. 나는 오늘 오전에 아무 것도 하지 않았다.

(2) 존재사+방향중심동사

'~에게 ~를 하다, ~에서 ~를 하다'의 의미가 내포되어 있으며, 존재사와 동사 사이에 taong(~해 줄 사람) 또는 lugar na(~하는 장소)가 생략된 문장이라고 볼 수 있다.

May púpuntahán akó mámayáng hapon. 나는 오늘 오후에 갈 곳이 있다.
Walâ siyáng pinuntahán kahapon. 그는 어제 아무 곳에도 가지 않았다.

(3) 존재사+수혜자중심동사

'~해 줄 사람이 있다'의 의미가 내포되어 있으며, 존재사와 동사 또는 보조사 사이에 taong이 생략된 것으로 볼 수 있다.

May ipaglúlutò siyá ng pansít bukas. 그는 내일 잡채를 요리해 줄 사람이 있다.
Walâ ka na bang igágawâ ng silya? 너는 이제 더 이상 의자를 만들어 줄 사람이 없느냐?

(4) 존재사+수단중심동사

'뭔가로 ~를 하다'의 의미가 내포되어 있으며, bagay na가 생략된 형태이다.

May ipambíbilí siyá ng bahay. 그는 집을 살 수 있는 것(돈)을 가지고 있다.
Maraming ipanréregálo ang lolo ko sa Paskó.
나의 할머니는 성탄절에 선물로 줄 것을 많이 가지고 계신다.

(5) 존재사+이유(원인)중심동사

'뭔가 이유(원인)가 있다'의 의미가 내포되어 있으며, dahilán na가 생략된 형태이다.

Mayroón bang ikinagágálit ang pulubing iyán?
그 거지는 무슨 화를 낼 이유가 있습니까?
Walâ na akóng ikalúluhà sa buhay ko.
나는 내 인생에 더 이상 눈물을 흘릴 이유가 없다.

Pagpapahayag

20-2

May ayaw ng aso.
(=Mayroóng ayaw ng aso.) 개를 싫어하는 사람이 있다

Maraming ayaw ng pagsisigarilyo. 담배 피우기를 싫어하는 사람이 많다.

Mayroóng mgá kilalá ang taong itó rito. 이 사람은 이곳에 아는 사람들이 있다.

Waláng gustó si Smith sa babaing iyán. 스미스는 그 여자를 좋아하지 않는다.

Marami akóng kilalá sa Pilipinas. 나는 필리핀에 아는 사람이 많다.

Mayroóng mgá ayaw kumain ng karnéng baboy. 돼지고기를 먹는 것을 싫어하는 사람들이 있다.

Maraming nangyari sa Manila kagabí. 어젯밤 마닐라에는 많은 일이 발생했다.

Waláng gustóng makiníg sa iyó. 너의 말에 귀를 기울일 사람은 아무도 없다.

May sásabíhin akó sa iyó bukas. 나는 내일 너에게 할 말이 있다.

Mayroón akóng híhilingín sa kanilá. 나는 그들에게 요구할 것이 있다.

Marami siyáng kailangang tulungan. 그는 도와주어야 할 필요가 있는 사람들이 많다.

Mayroóng bíbigyán si Tom ng pera bukas. 톰은 내일 돈을 주어야 할 사람이 있다.

Waláng gustóng tingnán ang pulís ng pulubi. 경찰은 그 거지를 보고 싶은 마음이 없다.

Mayroóng ikúkúha ng aklát ang estudyanteng iyón bukas. 저 학생은 내일 책을 갖다 줄 사람이 있다.

Walâ nang kailangang ibilí ang matandâ ng bigás. 그 노인은 이제 더 이상 쌀을 사 줄 필요가 있는 사람이 없다.

Walâ na siyáng ipangmámatrikulá para sa mgá anák. 그는 아이들의 학교 등록금으로 줄 돈이 더 이상 없다.

Marami akóng ikinalúlugód sa mgá araw na itó. 나는 요즈음 기뻐할 것(원인)들이 많다.

Pagsasanay

1 아래 보기에서 알맞은 단어를 골라 문장을 완성하세요.

1 ______ akóng ______ ______.
나는 어제 많은 일을 했다.

2 ______ siyáng ______ ______ bigás bukas.
그는 내일 쌀을 나누어 줄 사람이 있다.

3 ______ gustó siyá ______ Maria.
그는 마리아에게 호감을 가지고 있다.

4 ______ ______ si Pedro ______.
페드로는 그저께 아무 것도 먹지 않았다.

5 May pera ______ ______?
너 돈 가지고 있어?

6 Mayroón ka ______ ______ ______?
너 모레 할 일 있어?

보기

ⓐ ba ⓑ bang ⓒ bíbigyán ⓓ gágawín ⓔ ginawâ ⓕ ka
ⓖ kahapon ⓗ kamakalawá ⓘ kay ⓙ kinain ⓚ Marami
ⓛ May ⓜ Mayroón ⓝ ng ⓞ samakalawá ⓟ Waláng

2 아래 문장을 존재사를 활용하여 필리핀어로 작문해 보시오. (제시된 단어나 용어를 따를 것)

1 로사는 호세에게 호감을 가지고 있다. (mayroón)

2 나는 너에게 오늘 밤 할 말이 많다.

3 나는 그 사람한테 빚이 없다.

4 후안은 어젯밤 정원에서 아무것도 보지 못했다.

5 너, 나한테 물어볼 거 있어? (may)

Suplemento

실전회화 모음

1 인사 및 소개

🎧 21-1

| A: Park, B: Sunmi(A의 아내), C: Martin(이웃집 부인), D: Kim(A의 친구) |

C: Magandáng araw pô, Ginoóng Park?

A: Magandáng araw pô namán, Gng. Martin. Kumustá pô kayó?

C: Mabuti pô namán, at kayó?

A: Mabuti pô namán din, Gng. Martin. Itó pô si Sunmi, asawa ko.

C: Ikinagágalák kong mákilala kayó, Gng. Park.

B: Nagágalák din pô akóng mákilala kayó, Gng. Martin.

A: Ah! At sakâ gustó kong ipakilala sa inyó ang kaibigan ko, Mr. Kim na galing sa Korea iláng buwán na ang nakaraán.

D: Nagágalák akóng mákíta kayó, Gng. Martin.

C: Gayón din pô akó, Ginoóng Kim.
Matagál na pô ba kayó sa Pilipinas?

D: Hindî pô. Dalawáng buwán pa lang.

C: Hanggáng kailán pô kayó títígil dito?

D: Títígil pô akó dito isáng taón.

C: Nais ko pong masayá kayó habang narito kayó sa Pilipinas.

D: Maraming salamat pô, Gng. Martin.

C: 안녕하십니까, 박 선생님(또는 사장님 등)?

A: 네, 안녕하십니까, 마틴 여사님? 잘 지내십니까?

C: 잘 지냅니다. 박 선생님은 어떠세요?

A: 역시 잘 지냅니다, 마틴 여사님. 이쪽은 저의 아내 순미입니다.

C: 박 여사님, 알게 되어 기쁩니다.

B: 마틴 여사님, 저도 알게 되어 기쁩니다.

A: 아! 그리고 몇 달 전에 한국에서 온 저의 친구 김씨를 소개드리고 싶습니다.

D: 당신을 뵙게 되어 기쁩니다, 마틴 여사님.

C: 저도 그렇습니다, 김 사장님.
필리핀에는 벌써 오래 계셨는가요?

D: 아닙니다. 두 달 밖에 안됐습니다.

C: 여기는 언제까지 머무를 예정이신가요?

D: 1년간 머물 예정입니다.

C: 필리핀에 계시는 동안 즐거운 시간되시기를 기원합니다.

D: 대단히 감사합니다, 마틴 여사님.

2 친구의 방문

21-2

| A: Pedro(고등학생), B: Juan(A의 같은 반 친구), C: Rosa(B의 엄마) |

A: 계세요? 계십니까?
C: 누구세요?
A: 안녕하십니까, 좀 여쭈어 봐도 되겠습니까?
C: 응, 그래라.
A: 여기에 후안이 있습니까?
C: 응, 그 애는 여기 있어. 후안! 누가 너를 찾는다.
B: 아, 페드로구나! 엄마, 그 애는 저의 반 친구 페드로예요.
페드로야, 이 분은 나의 엄마, 로사이셔.
A: 어떻게 지내십니까?(안녕하십니까?)
C: 잘 지낸다. 얘야, 들어오너라.
A: 감사합니다.

A: Tao pô! Tao pô!
C: Sino kayó?
A: Magandáng hapon pô, Maáarì pô ba akóng magtanóng?
C: Oo, sige!
A: Nárító pô ba si Juan?
C: Oo, nárító siyá. Juan! May humáhánap sa iyó.
B: Ah, Pedro! Mommy, siyá pô ay si Pedro, kaklase ko.
Pedro, itó ang Mommy ko, si Rosa.
A: Kumustá pô kayó?
C: Mabuti namán. Tulóy ka, iho.
A: Salamat pô.

3 필리핀 여행 중

21-3

| P: 필리핀인, K: 한국인 관광객 |

P: 안녕하십니까?
K: 예, 안녕하십니까?
P: 어느 나라에서 오셨습니까?
K: 한국의 서울에서 왔습니다.
당신은 이곳 출신이십니까?
P: 아닙니다. 저는 마닐라 출신입니다.
필리핀이 마음에 드십니까?
K: 예, 필리핀을 아주 좋아합니다.
P: 필리핀에서 뭐가 마음에 드십니까?
K: 필리핀은 아름답고 필리핀 사람들은 친절합니다.
그리고 날씨는 정말 좋습니다.
P: 감사합니다. 필리핀에서 즐거운 여행하시기를 기원합니다.
K: 대단히 감사합니다.

P: Magandáng tanghalì pô.
K: Magandáng tanghalì pô namán.
P: Anó pong bansá ninyó?
K: Galing sa Seoul, Korea pô.
Tagarito pô ba kayó?
P: Hindî pô. Taga-Manila akó.
Gustó pô ba ninyó ang Pilipinas?
K: Opò, gustúng-gustó ko ang Pilipinas.
P: Anó pô ang gustó ninyó sa Pilipinas?
K: Magandá ang Pilipinas at mabaít ang mga Pinóy.
At sakâ, totoóng magandá ang panahón.
P: Salamat pô. Sana, maligayang biyahe ninyó sa Pilipinas.
K: Maraming salamat pô.

4 이발소에서

21-4

| B: 이발사(barbero), P: 손님(panauhin) |

B: Maligayang pagdatíng pô.
P: Gustó kong magpagupít.
B: Anóng gupít pô ang gustó ninyó?
P: Barber's cut lang.
B: Gustó pô ba ninyóng magpa-shampoo muna?
P: Oo, sige.
B: Doón pô tayo sa kabilâ.
Lálagyán kayó ng balabal para dî mabasâ.
Hindî pô ba masyadong mainint ang tubig?
P: Hindî namán. Tamang-tamà lang.
B: Puwede pô ba kayóng lumipat doón?
Gaano kahabà pô ang ibábáwas?
P: Kalahating pulgada lang. At sakâ, pakinipisán sa gilid.
B: Tama na pô ba itó?
P: Pakibawasan mo pa rito nang kontî.
B: Okay na pô ba ang iklî?
P: Oo. Pakilagyán mo ng gel din.
Ayos! Salamat. Eto ang bayad at tip.
B: Maraming salamat pô.

B: 어서오세요.
P: 이발을 하고 싶네.
B: 어떻게 깎아 드릴까요?
P: 기본 스타일로 깎아주게.
B: 우선 샴푸로 머리를 감으실까요?
P: 그렇게 하게.
B: 저기 맞은편으로 옮기실까요?
젖지 않도록 어깨 걸치개를 두르겠습니다.
물이 너무 뜨겁지 않습니까?
P: 전혀 그렇지 않네, 아주 적당하네.
B: 저쪽으로 옮기실까요?
어느 정도 길이로 자를까요?
P: 0.5인치만 잘라주게. 그리고 옆머리는 좀 솎아주게.
B: 이 정도면 되겠습니까?
P: 여기 조금만 더 잘라주게.
B: 이제 길이(짧기)는 됐습니까?
P: 됐네. 젤도 좀 발라주게.
잘됐네! 고맙네. 여기 요금과 팁일세.
B: 대단히 감사합니다.

5 식사초대 (Pedro가 집 앞을 지나가는 Youngsoo에게 식사를 초대하는 상황) 21-5

| P: Pedro(필리핀인), Y: Youngsoo(한국인 동네친구) |

P: Magandáng hapon, Youngsoo! Kumain ka na ba ng hapunan?
Y: Hindî pa ngâ, e.
P: O, halika na. Sabáy na tayong kumain.
Y: Anó ang ulam na handâ?
P: Pansít at sinigáng na isdâ ang handâ na.
Y: Wow! Masaráp iyán.
P: Mukháng kabisado mo na ang pagkaing Pinóy.
Y: Oo. Bastá gulay at isdâ, gustó ko.
P: Talagáng mahilig ang mga Pinóy sa gulay at isdâ.
Y: Nápansín ko ngâ rin.
P: Anóng ulam ang paborito mo?
Y: Marami. Bulalô, talóng na may bagoóng, sinigáng at ibá pa.
P: Hindî ka palá pihikan sa pagkain.
At sakâ, madalíng hanapin at lutuin ang mga paborito mo.
Y: Hindî lang iyán. Mura na at masustansya pa.
P: Maingat ka talagá sa kalusugan mo.
Y: Siyempre. Ang kalusugán ay kayamanan.
P: Pinóy na Pinóy na ang panlasa mo.
O, kain na tayo. Lálamíg ang pagkain.
Y: Salamat, ha.

P: 영수, 안녕! 저녁식사 했어?
Y: 아직 안했는데.
P: 그럼, 어서 이리와. 우리 같이 식사하자.
Y: 준비된 반찬은 뭔데?
P: 준비된 것은 잡채랑 생선 시니강이야.
Y: 와! 그거 맛있겠다.
P: 너는 필리핀 음식에 대해서 잘 알고 있는 것 같다.
Y: 응. 야채와 생선이라면 좋아해.
P: 필리핀 사람들은 야채와 생선을 정말 좋아하지.
Y: 나도 그렇게 느꼈어.
P: 좋아하는 반찬이 뭐야?
Y: 많아. 불랄로, 생선 젓갈을 곁들인 가지 요리, 시니강 등.
P: 너는 정말 음식에 대해서 까다롭지 않구나.
게다가 네가 좋아하는 것들은 구하기도 쉽고 요리하기도 쉬워.
Y: 그것뿐만이 아니야. 싸고 영양도 풍부해.
P: 너는 건강에 꽤 조심을 하는구나.
Y: 물론이지. 건강이 재산이잖아.
P: 너의 입맛은 거의 필리핀 사람이네.
자, 먹자. 음식 식겠다.
Y: 정말로 고마워.

6 필리핀 성묘일 (모든 성인의 날, 11월 1일)

21-6

| J: Jose(필리핀인), D: Dongsik(한국인 친구) |

D: Jose! Sa mgá araw na itó nagtítindá ng maraming bulaklák, bakit?

P: Malapit na kasí ang Undás.

D: Anó ang Undás?

P: Iyón ang Araw ng mga Patáy.

Bumíbisíta kamí sa sementeryo para ipinagdárasál namin ang káluluwá ng mgá namatáy.

D: Anó ang ginágawâ ninyó sa sementeryo?

P: Naglálagáy ng bulaklák sa ibabaw ng puntód at nagtítírik ng kandilà.

Maghapon kamí roón. Minsan hanggáng hatinggabí.

D: Kailangang dalhín ang pagkain at inúmin, dî ba?

P: Oo, at marami. Kasí piyesta rin ang Undás.

D: Siguradong matao at siksikan.

P: Laging ganoón taún-taón.

D: Kailán ang Undás?

P: Tuwíng unang araw ng Nobyembre.

D: Mahalagá palá ang araw na iyon.

P: Dongsik! Kung gustó mo, sumama ka sa amin sa Undás.

D: Anóng araw ang unang araw ng Nobyembre?

P: Sábado, e.

D: Nakú! Hindî akó puwede. May biyahe akó sa Manila.

P: Sayang!

D: 호세! 왜 요즈음 꽃을 많이 팔고 있어?

P: 운다스가 가까워졌기 때문이야.

D: 운다스가 뭔데?

P: 그건 '돌아가신 분들의 날'이라는 뜻이야.

돌아가신 분들의 영혼을 위해 기도하러 공동묘지에 성묘를 가지.

D: 공동묘지에서는 뭐 하는데?

P: 무덤위에 꽃을 놓고 초를 세워.

하루 종일 우리는 거기에 있어. 한번은 자정까지도 있었어.

D: 음식과 마실 거를 가져가야 하겠다, 안 그래?

P: 맞아, 그것도 많이. 운다스도 축제거든.

D: 사람이 많아서 복잡하겠다.

P: 해마다 항상 그래.

D: 운다스는 언제야?

P: 매년 11월 첫날이야.

D: 그 날은 정말 의미 있는 날이구나.

P: 동식! 마음이 내키면, 운다스 날에 우리하고 함께 가자.

D: 11월 첫날이 무슨 요일이지?

P: 토요일이야.

D: 이런! 갈 수 없어. 마닐라로 가야 해.

P: 섭섭하네!

7 구인, 구직

21-7

| J: Jose(구직자), T: Tom(회사 매니저) |

T: Maligayang pagdatíng. Akó ay si Tom, tagapamahalà ng kompanyá.
J: Magandáng araw pô? Akó pô si Jose Aquino.
Gustó ko pong magtrabaho sa kompanyá ninyó.
T: Ikinalúlugód ko ang pagdatíng mo. Anó ang propesyóng alám mo?
J: Pagtutuós pô. Nagtapós akó ng Manila Unibersidád.
T: Nápakagáling! Talagáng kailangan namin ang isáng Tenedór-de-líbro.
Kailán ka makakápagsimulâ ng trabaho?
J: Mabuti pong magsimulâ akó sa súsunód na linggó.
T: O sige. Magkita tayo ulì sa súsunód na linggó.
J: Maraming salamat pô.
T: Paalam na. May awà ang Diyós.

T: 환영해요. 나는 회사 매니저 톰이라고 해요.
J: 안녕하십니까? 저는 호세 아키노라고 합니다. 당신 회사에서 근무하고 싶습니다.
T: 여기로 와 주어서 기뻐요. 전문 분야가 무엇인가요?
J: 회계입니다. 마닐라 대학을 졸업했습니다.
T: 아주 좋아요! 마침 회계사 한 명이 매우 필요했어요.
언제 일을 시작할 수 있겠어요?
J: 다음 주에 시작하면 좋겠습니다.
T: 그렇게 하죠. 다음 주에 우리 다시 만나요.
J: 대단히 감사합니다.
T: 잘 가요. 신의 가호가 있기를 바랍니다.

Bukabularyo

sakâ [사까'] 게다가, 또한, 그리고
tumigil [뚜미-길] 정지하다, 서다, 머무르다
pagtigil [빡띠-길] 정지, 체류
kaklase [까끌라-세] 급우
iho [이-호] 청소년기의 남자아이를 친근하게 부르는 호칭
kabilâ [까빌라'] 맞은 편, 반대쪽
balabal [발라-발] 숄, 망토, 덮는 것
mabasâ [마바사'] 젖다
masyado [마샤-도] 너무, 넘치는, 과하게
lumipat [루미-빹] 옮기다, 이사하다
kahabà [까하-바'] 길이
ibawas [이바-와스] 자르다, 줄이다, 감하다
kalahatì [깔라하-띠'] 절반, 반
pulgada [뿔가-다] 인치(inch)
pakinipisán [빠끼니삐산] 성기게 하라고 부탁하다
gilid [기-ㄹ릳] 주변, 변두리, 옆
iklî [이끌리'] 짧기
sabáy [사바이] 동시에, 함께
ulam [우-ㄹ람] 반찬
handâ [한다'] 준비된
mukhâ [묵하'] ~같은, ~처럼 보이는
kabisado [까비사-도] 알고 있는, 숙지한
Pinóy [삐노이] 필리핀 사람
bastá [바스따'] ~이면, ~라면, ~인 한
mahilig [마히-ㄹ릭] 좋아하다
mápansín [마-빤신] 느끼다
paborito [빠보리-또] 좋아하는 (것), 마음에 드는 (것)
bulalô [불랄로'] 필리핀 전통음식 (소뼈로 끓인 수프)
bagoóng [바고옹] 멸치젓
palá [빨라] ~야 말로, 정말로
pihikan [삐히-깐] (입맛이) 까다로운
masustansya [마수스따-ㄴ샤] 영양이 풍부한
maingat [마이-ㅇ앝] 조심하는
kalusugán [깔루수-간] 건강
siyempre [시예-ㅁ쁘레] 물론, 당연히
kayamanan [까야마-난] 재산, 부
panlasa [빤라-사] 미각, 입맛
lumamíg [루마믹] 차가워지다, 식다
magtindá [막띤다] 팔다, 거래하다
Undás [운다스] 모든 성인의 날(11월 8일)
sementeryo [세멘떼-료] 공동묘지
káluluwá [까-ㄹ룰루-와'] 영혼
magtirik [막띠-릭] 똑바로 세우다, 직립시키다
kandilà [깐디-ㄹ라] 초, 양초
maghapon [막하-뽄] 하루 종일
sigurado [시구라-도] 확신하는, 자신하는
matao [마따-오] 사람이 많은
siksikan [식시-깐] 붐비는, 복잡한
taún-taón [따운따온] 매년
Nakú! [나꾸] 아이고! 이런! 아니!
tagapamahalà [따가빠마하-ㄹ라] 매니저, 사장
propesyón [쁘로뻬숀] 전문 분야, 직업
pagtutuós [빡뚜뚜오스] 회계
talagá [딸라가] 정말로, 사실인, 과연
tenedór-de-líbro [떼네도르 데 리-브로] 부기계원, 회계원
makapag-umpisá [마까빡움삐사] 시작할 수 있다
mag-umpisá [막움삐사] 시작하다

해답

SEKSYON 01

1

1 ⓓⓒ
2 ⓛⓘ
3 ⓕⓝ
4 ⓔⓜ
5 ⓖⓑ
6 ⓐⓙ
7 ⓚⓗ

2

1 Matangkád ka.
2 Magkaibigan silá.
3 Nakatirá pô akó sa Busan.

3

1 Akó pô ay mámamayáng Koreano.
2 Ang hangin ay malakás.
3 Silá ay batang babae.
4 Kayó ay batang lalaki.

SEKSYON 02

1

1 ⓑⓜⓗ
2 ⓞⓒ
3 ⓚⓖ
4 ⓙⓘ
5 ⓝⓔ
6 ⓐⓓ
7 ⓜⓝⓛ
8 ⓕ

2

1 Magandáng tanghalì pô!
2 Magandáng tanghalì pô namán(또는 rin).
3 Maligayang batì sa kaarawán!
4 Kumustá si Pedro?
5 Maligayang pagdatíng sa Korea!
6 Maraming salamat sa pagdatíng.

SEKSYON 03

1

1 ⓗⓟⓞ
2 ⓒⓘⓔ
3 ⓠⓙⓝ
4 ⓑⓜⓛ
5 ⓕⓓ
6 ⓖⓐⓚ

2

1 Mgá aklát ng gurò itó.
2 Kay Maria ang diláw na kotseng iyón.
3 Sa iyó ang mesang iyán.
4 Kiná Pedro at Jose ang mgá itím na damít na iyón.
5 Mgá bulaklák ng rosas niná Rosa at Maria iyán.
6 Kumustá ang mgá anák na babae?
7 Para sa mgá anák na lalaki itóng bisikleta.
8 Kumustá ang mgá magulang niya?

SEKSYON 04

1

1 ⓓⓜⓖ
2 ⓝⓒⓗ
3 ⓠⓔ
4 ⓞⓕ
5 ⓐⓘ
6 ⓛⓑⓚ
7 ⓟⓙ

2

1 Násaán pô ba si G. Jose?
2 Masipag ba ang mgá estudyanteng iyón?
3 Alín ang sapatos mo?
4 Magká-magkano ba ang mgá aklát na iyán?
5 Magandá ba iyóng kaibigang babae?
6 Nasaán ang amá mo?

7 Gaano kalayò ang palengke?
8 Gaano katagál diyán sa bus?

SEKSYON 05

1

1 ⓕⓑⓤ
2 ⓐⓝⓢ
3 ⓛⓒⓙ
4 ⓡⓣⓞ
5 ⓟⓠ
6 ⓔⓜ
7 ⓘⓖⓗ
8 ⓚ

2

1 Malinis na malinis na lungsód ang Seoul.
2 Hindî sundalo si Pedro, dî ba?
3 Mas matangkád si Rosa kaysá kay Maria.
4 Magkakasímbaít ang tatlóng batà.
5 Pinakamagandá ang bahay na iyón sa nayon natin.
6 Mas malakí Estados Unidos kaysá sa Korea.
7 Mas mabilís ang taong itó kaysá sa taong iyón.

SEKSYON 06

1

1 ⓓⓝⓗ
2 ⓞⓔⓘ
3 ⓖⓑⓛ
4 ⓚⓐⓠ
5 ⓡⓟⓕ
6 ⓒⓜⓙ

2

1 Gumisíng akó nang ikaapat at kalahatì ng umaga.
2 Ngayón ay alás-tres kinse ng hapon.
3 Uminóm tayo ng malamíg na serbesa mámayáng gabí.
4 Ngayón ay a-singko ng Agosto, dalawáng libo't labíng-anim na taón.
5 Ang kaarawán ng amá ay a-kinse ng Agosto, sanlibo't siyám na raán apatnapú't limáng taón.

SEKSYON 07

1

1 ⓛⓜⓑ
2 ⓐⓚⓝ
3 ⓕⓡⓒ
4 ⓠⓓⓔⓟⓗ
5 ⓞⓘ
6 ⓙⓖ

2

1 Maáarì pô ba kayóng magsalitâ ng Tagalog.
2 Masayá siyáng mag-golf araw-araw.
3 Nagtaním pô ba kayó ng bulaklák sa hardín?
4 Maglílínis akó ng garahe mámayáng hapon.

SEKSYON 08

1

1 ⓑⓔⓒ
2 ⓡⓐⓠ
3 ⓣⓕⓙ
4 ⓛⓓ
5 ⓞⓐⓝ
6 ⓖⓜⓤ
7 ⓚⓘⓗ

2

1 Anóng oras kitá gígisingín?
2 Kung mayaman akó, bíbilhín ang kotse.
3 Dalhín pô ninyó akó sa otél.
4 Puwede ko pô ba kayóng tanungín kung saán ang bangko?
5 Kung nagkámalî ka, pápalúin kitá.

SEKSYON 09

1

1 ⓔⓜⓑ
2 ⓘⓝ
3 ⓒⓐ
4 ⓙⓓⓚⓟ
5 ⓛⓕⓖ
6 ⓗⓞ

2

1 Huwág kang matakot.
2 Gustó ni Rosa basahin ang diyaryo ngayóng araw.
3 Nákíta pô ba ninyó ang amá ko kagabí?
4 Nalúlugód(또는 Nagágalák) akóng mákíta kitá.
5 Nawalâ ko ang asúl na panyô sa parke kahapon.
6 Mábabalità ang aksidente sa daán sa pulísya.

SEKSYON 10

1

1 ⓛⓗⓚ
2 ⓞⓐⓘ
3 ⓑⓖⓟ
4 ⓙⓡⓓ
5 ⓠⓒⓔ
6 ⓕⓜⓝ

2

1 Nanghuli ang mángingisdâ ng maraming isdâ.
2 Huwág kang mangguló sa klase, ha?
3 Nag-áaral akó nang nag-áaral mulâ noóng Lunes.
4 Kasí, náhulí siyá kahapon, e.
5 Umuwíng lumúluhà si Rosa kahapon ng gabí.
6 Naglílínis siláng kumákantá sa klase.

SEKSYON 11

1

1 ⓘⓠⓔⓐ
2 ⓤⓙ
3 ⓖⓕⓝⓟ
4 ⓗⓚⓣⓓ
5 ⓛⓡⓒ
6 ⓜⓞⓑⓢ

2

1 Puwede mo ba akóng ikuha ng lapis?
2 Nag-áaral si Rosa ng Inglés nang mabuti.
3 Ipinagdiwang ng ating pamilya ang birthday party ni lolo.
4 Ipinagmámalakí ni Pedro ang mahalagáng kotse niyá.
5 Ibábalík ko pô ang aklát na itó sa inyó hanggáng bukas.

SEKSYON 12

1

1 ⓐⓒⓚⓞ
2 ⓕⓑⓖ
3 ⓜⓗⓢ
4 ⓝⓔⓘ
5 ⓛⓙ
6 ⓟⓠⓓⓡ

2

1 Makakábénta ka ng petsay sa palengke.
2 Kailán ko pô mákíta kayó?
3 Ayaw na ayaw niyá ang dagâ.
4 Nakakápagsalitâ akó ng wikang Koreano dahil sa gurò.
5 Nasúsúlat ko pô ang wikang Hapón nang mabilís.

SEKSYON 13

1

1 ⓞⓠⓒⓘ
2 ⓐⓑⓓ
3 ⓡⓟⓛ
4 ⓝⓜⓙⓚ
5 ⓖⓕⓗⓔ

2

1 Hindî kitá pinagtítiwaláan.
2 Dahil malamíg ang panahón, huwág mong buksán ang bintanà.
3 Sinulatan ko ang nobya ko kahapon.
4 Púpuntahán ko ang museong iyán samakalawá.
5 Gustó kong máláman ang pamasahe hanggáng sa Seoul.

SEKSYON 14

1

1 ⓛⓓⓟ
2 ⓚⓕⓒ
3 ⓠⓞⓗ
4 ⓝⓘⓔ
5 ⓙⓐ
6 ⓑⓜⓖ

2

1 Gustó kong magkaroón ng isáng bahay-kubo sa probinsya.
2 Iláng itlóg ang mayroón siyá?
3 May dalawáng aklát sa ibabaw ng desk.
4 Mayroón akóng tatlóng kotse.
5 Walâ akóng salapî sa kartera.
6 Marami siyáng kaibigan sa Pilipinas.

SEKSYON 15

1

1 ⓔⓕⓒⓐ
2 ⓞⓘⓗ
3 ⓛⓑⓠ
4 ⓚⓖⓝⓟ
5 ⓜⓙⓓ

2

1 Nagpaayos ang kuya ng kuwarto sa akin.
2 Nagpápatawâ ang gurò sa mgá estudyante.
3 Gustó kong magpasayá sa kanyá.

3

1 Gustó ko pong bumilí ng sapatos na pambatà.
2 Kailán ka magpápareséroba ng tiket ng eruplano?
3 Pakantahín pô natin si Juan.
4 Pinapuntahán niyá sa akin ang gurò.

SEKSYON 16

1

1 ⓗⓞⓒⓙ
2 ⓔⓑⓕ
3 ⓜⓛⓖ
4 ⓐⓝⓟ
5 ⓘⓓⓚ

2

1 Nalungkót akó dahil sa balità ng kamátáyan ng kamag-anak.
2 Nalugód si Rosa dahil sa tagumpáy ng anák sa iksamen.
3 Bakit silá naghiwalay?

3

1 Tagarito pô ba kayó?
2 Ikinagulat ko ang lindól kagabí.

SEKSYON 17

1

1 ⓑⓜⓛ
2 ⓔⓙⓒ
3 ⓕⓝⓖ
4 ⓗⓞⓠ
5 ⓚⓘⓐⓓ

2

1 Ipangmámatrikulá ko ng mgá anák ko ang suweldo.
2 Pag Linggó lumálangóy akó sa dagat.
3 Kapág lumálabás siyá, umúuwî siyá nang gabí.
4 Pakigising mo siyá sa alás-siyete ng umaga bukas.
5 Ipakitawag pô ninyó akó ng doktór.
6 Paidlíp pô sa silyang itó.

SEKSYON 18

1

1 ⓒⓗⓘ
2 ⓔⓚⓐ
3 ⓙⓖⓛⓝ
4 ⓜⓓⓟ
5 ⓕⓞⓑ

2

1 Dapat kang umuwî bago mag-alás-nuwebe ng gabí.
2 Laging nagtútulungán ang mgá estudyante sa klase namin.
3 Kung pagkatapos ng pag-aara maglinis tayong lahát ng silíd-aralán.
4 Kahit na mahinà ang babae, pero malakás ang iná.
5 Pitóng minuto bago mag-ikapitó ng umaga ngayón.
6 Nakíkirámay pô akó sa kamatayan ng inyóng amá.

SEKSYON 19

1

1 paglakad
2 pagkikita
3 pagsisimulâ
4 pagpapainit
5 pagkakabahay
6 pakikitulog
7 pagbubukas
8 pagkakasakít
9 pakikihatíd
10 pagsasará
11 pagsulat

2

1 Di-sinásadyâ ang ating pagkikita.
2 Tadhanà ang pag-ibig ng iná sa mgá anák.
3 Pinakamadalî ang pag-aaral sa buhay ko.
4 Magandáng bagay ang pakikisama sa buhay.
5 Lasón ng pagkain ang dahilán ng pagkakasakít niyá.

SEKSYON 20

1

1 ⓚⓔⓖ
2 ⓜⓒⓝ
3 ⓛⓘ
4 ⓟⓙⓗ
5 ⓕⓐ
6 ⓑⓓⓞ

2

1 Mayroóng gustó si Rosa kay Jose.
2 Marami akóng sásabíhin sa iyó mámayáng gabí.
3 Walâ akóng utang sa kanyá.
4 Waláng nákíta si Juan sa hardín kagabí.
5 May tanóng ka ba sa akin?